D1917603

Steffen Bauer: Veränderungen gestalten

Steffen Bauer

Veränderungen gestalten

Kirche systemisch wahrnehmen

hartmut spenner kamen 2014

Bibliografische Information der Deutschen Bibliothek

Die Deutsche Bibliothek verzeichnet diese Publikation in der Deutschen Nationalbibliografie; detaillierte bibliografische Daten sind im Internet über http://dnb.ddb.de abrufbar.

Die Druckvorlage wurde vom Verfasser als reprofähiges Dokument zur Verfügung gestellt.

Verlag Hartmut Spenner
Herbert-Wehner-Str. 2, 59174 Kamen
www.hartmutspenner.de

ISBN 978-3-89991-157-2

Printed in Germany 2014

Vorwort

Mit den folgenden Beiträgen stelle ich dar, dass systemisches Denken einen wichtigen Beitrag für Veränderungsprozesse auch in der Kirche liefert.
Das Wissen um Abläufe eines komplexen Veränderungsgeschehens, das Wahrnehmen von verschiedenen, jeweils berechtigten Interessen und notwendigen Sichtweisen bis hin zum Verstehen des „Anderen", das Einrichten von Entwicklungsräumen, all das kann helfen, dass kirchliche Akteure sich in solchen Prozessen gut bewegen können.
Mit der Aneignung des systemischen Denkens habe ich mir jedenfalls viele Situationen meiner langjährigen Tätigkeiten als Gemeindepfarrer und später auch als Dekan besser verständlich machen können. Dabei verstehe ich diesen Denkansatz als eine Art Brille, die es ermöglicht, die Umwelt, das eigene System und sich selbst neu und anders sehen und einschätzen zu können.
Von 2008 - 2013 habe ich als Pfarrer, dann auch als Studienleiter in der Abteilung Organisationsentwicklung des IPOS, dem internen Beratungsinstitut für Personalberatung, Organisationsentwicklung und Supervision der Evangelischen Kirche in Hessen und Nassau (EKHN) mitgearbeitet. Ich durfte dort erleben, wie stark diese Form der Beratung von allen Bereichen von Kirche und ihrer Diakonie auch weit über das Gebiet der EKHN hinaus in Anspruch genommen wird.
Der systemische Blick und die systemische Beratung werden gebraucht, um sich selbst neu oder wieder oder weiterhin gut orientieren zu können und um so orientiert schließlich auch Entscheidungen inmitten vieler Veränderungsprozesse zu treffen.
Im Folgenden ist nicht etwa eine systematische Ausarbeitung entstanden. Vielmehr füge ich einzelne Erfahrungen aus konkreten Beratungsprozessen mit Erkenntnissen der Theorie zusammen. So entstehen Blitzlichter auf Veränderungsdynamiken innerhalb des sehr komplexen Systems Kirche. Immer neu steht die Frage im Mittelpunkt, wie Entscheidungen innerhalb der Veränderungsprozesse bzw. neue

Bewegungsräume für die Beteiligten möglich gemacht werden können.
Seit 1.9.2013 bin ich Leiter der Geschäftsstelle der Ehrenamtsakademie der EKHN mit Sitz in Darmstadt. Auch für diese neue Aufgabe ist der systemische Blick hilfreich. Verschiedenheiten können so nicht nur als unabänderlich hingenommen, sondern als hilfreich für die weitere Entwicklung eines Prozesses, einer Fragestellung begriffen werden. Unterschiedliche Perspektiven von Ehren- und Hauptamtlichen werden dann zu Wegweisern, welche Stärken wechselseitig fruchtbar gemacht werden sollten. Der Blick richtet sich dadurch verstärkt darauf, welche Funktion in einem System mit welcher Grundhaltung und Logik gut besetzt werden sollte.

Mit dieser Zusammenstellung will ich meinen Dank an das gesamte Team des IPOS aussprechen. Ich habe diese Zeit als eine große Bereicherung erleben dürfen und dies nicht zuletzt deshalb, weil im IPOS selber in einem immer wieder intensiven Ringen miteinander in offenen Prozessen nachgedacht und vorgedacht wird.
Mein besonderer Dank gilt dabei dem Leiter des IPOS, Gerd Bauz, der mich beständig ermutigt, gestärkt, begleitet hat und von dem ich viel lernen durfte, Leo Baumfeld, der mir so viele Einblicke in seinen „Wissensspeicher" ermöglicht hat, den Neuwaldeggern in Wien, die mir ihre systemische Brille als wesentliche Sehhilfe aufgesetzt haben und der Evangelischen Kirche in Hessen und Nassau, die als System oft genug den Mut hat, sich nicht etwa dem (kirchlichen) Zeitgeist anzupassen, sondern ihm voraus zu sein.

Steffen Bauer im Juni 2014

Inhalt

Darum geht es in diesem Buch:

- zwei mentale Landkarten, dienen der Orientierung:
  - Die Veränderungsschleife mit besonderer Betonung der beiden Aspekte, Lust und Last;

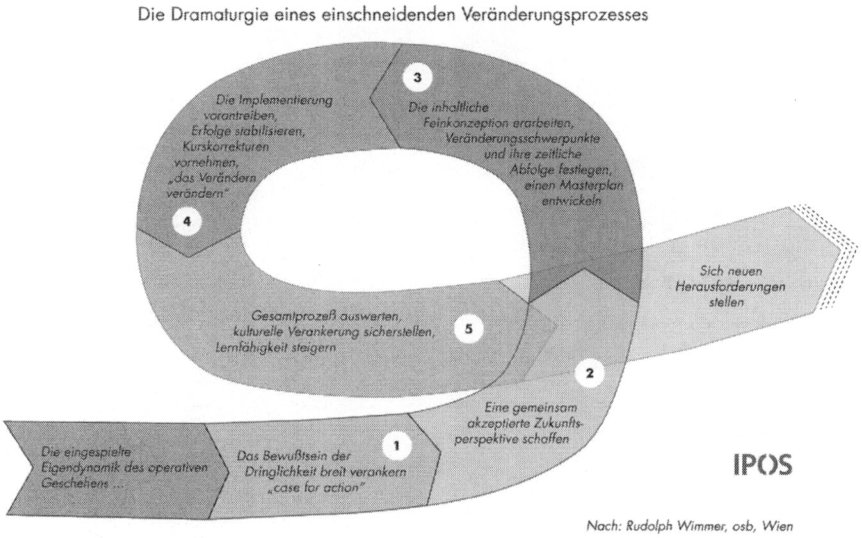

  - Drei Koordinationsformen - Gemeinschaft, Organisation und Markt -, markieren unterschiedliche System-Logiken;

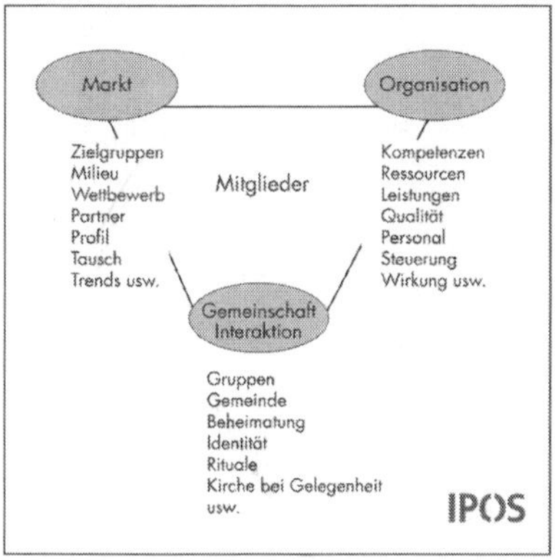

- die Anwendung dieser mentalen Landkarten, um die anderen Beteiligten mit ihren Perspektiven in den Blick zu bekommen;
- ein Werben für den kreativen Impuls auf einem „Marktplatz“;
- das Aufzeigen von Annäherungen an die Zukunft – Kirche im Jahr 2025;

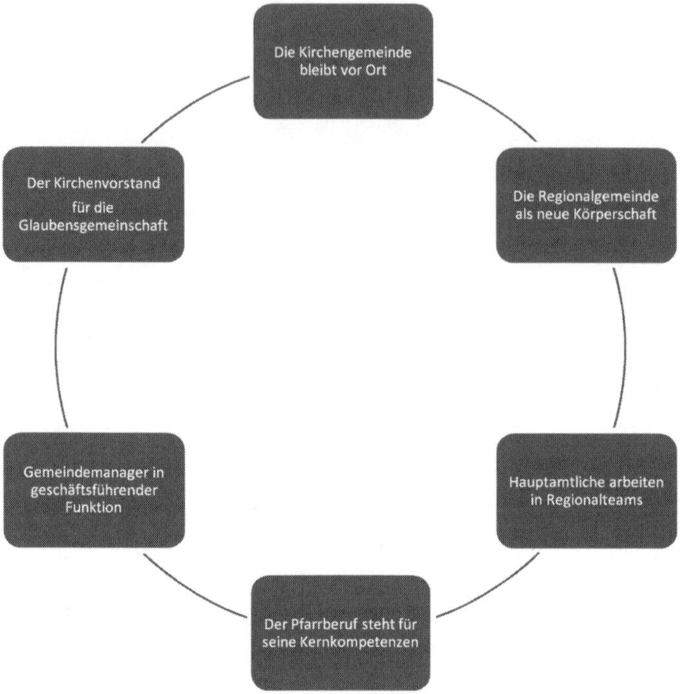

Erläuterungen aus Theorie und Praxis der Beratung, Vorträge, Dokumentationen, Impulse, die deutlich machen sollen, wie Veränderungen in der Kirche gestaltet werden können.

Theorie und Praxis des systemischen Wahrnehmens und Beratens

Das Gelingen von Veränderung – Blitzlichter aus der Exodus Erzählung

Die Bibel kann man aus ganz unterschiedlichen Perspektiven lesen. Sie spricht in alle Lebenslagen des Menschen hinein und genau das macht auch eines ihrer Geheimnisse aus. Wenn dem so ist, dann, so die Hypothese, wird sich in ihr doch auch substantielles zu der Frage finden lassen wie Veränderungsprozesse vor sich gehen, was in ihnen passiert, was an ihnen zu beobachten und damit für alle weiteren Prozesse auch zu beachten ist.
Einschneidende Veränderungen werden in der Bibel viele berichtet, ja, der Kern des christlichen Glaubens lebt geradezu von der Botschaft „Das Alte ist vergangen, siehe, Neues ist geworden“ (2. Korinther 5,17).
Ganz ausführlich lesen wir von Veränderungen vor allem zu Beginn der Bibel und dort noch einmal besonders intensiv im Buch Exodus, im 2. Buch Moses. Es geht um den Auszug der Mose schar aus Ägypten.
Aus der beraterischen Praxis heraus sind mir folgende drei Beobachtungen besonders wichtig geworden.

1.) Last und Lust, so kommt es zur Veränderung

In der Gottesrede an Mose heißt es gleich zu Beginn des 3. Kapitels: „Und der HERR sprach: Ich habe das Elend meines Volkes in Ägypten gesehen und ihr Geschrei über ihre Bedränger gehört; ich habe ihre Leiden erkannt. Und ich bin herniedergefahren, dass ich sie errette aus der Ägypter Hand und sie herausführe aus diesem Lande in ein gutes und weites Land, in ein Land, darin Milch und Honig fließt…“ (Vers 7f).

Beide hier genannten Aspekte sind in den folgenden Kapiteln die entscheidenden Motive und die Voraussetzung dafür, dass sich die Mose Schar aufmacht.

a.) Die Menschen spüren die Last der Sklaverei und diese Last und dieses Leiden darunter ist kaum mehr zu ertragen. Damit Veränderungen möglich bzw. nötig werden, braucht es offenbar eine „Last“, eine Drucksituation, eine Not, die gewendet werden muss. Schaut man sich aktuelle kirchliche Veränderungsdiskussionen an, dann wird man schnell feststellen können, dass diese Seite breit und gut dargestellt wird. Mittels Statistiken und Prognosen wird begründet, dass es in unserer Kirche um ein sich Einstellen auf weniger Gemeindeglieder, weniger Geld, weniger Pfarrstellen, weniger Gebäude zu gehen habe. Doch die Erfahrung aus kirchlichen Veränderungsdiskussionen zeigt auch, dass ein Betonen allein der „Last“-Seite auch zu Verweigerung, Abwehr und zu Fatalismus führen kann oder überhaupt die Gültigkeit und Bedeutung der Zahlen und Prognosen bestritten wird.

b.) Gott entschließt sich zur Rettung und wichtig ist, dass in dieser Erzählung Wert darauf gelegt wird, dass alles folgende dem Volk auch gut kommuniziert wird. Aus 2. Mose 4,13 wird deutlich, dass Mose offenbar ein schlechter Rhetoriker gewesen ist und mit Aaron jemand an seine Seite gestellt bekommt, der in heutigen Worten gesprochen u.a. eben für die gute Kommunikation zuständig wurde. Für mich ist die Bestellung des Kommunikators Aaron ein Fingerzeig darauf, der Kommunikation von Absichten und Ansichten zwischen allen an einer Veränderung Beteiligten oder von einer solchen Veränderung Betroffenen eine sehr hohe Bedeutung beizumessen.

c.) Aber auch eine gute Kommunikation allein der „Lasten“, denen man entfliehen will, muss noch nicht zu einer Veränderungsdynamik führen. In der Exodus Erzählung wird jedenfalls umgehend das andere Motiv genannt: Die Lust auf das

Neue. In der Gottesrede wird der Mose Schar versprochen, „in ein gutes und weites Land“ geführt zu werden. Und diese Zukunftsperspektive wird so nachhaltig vermittelt, dass die Aussage „ein Land, in dem Milch und Honig fließt“ bis zum heutigen Tag zu einem Inbegriff des anzustrebenden Neuen geworden ist.

Beide Gesichtspunkte, Last und Lust, Bedrängnis und Aufbruch, gegenwärtiger Schatten und zukünftiges Licht, wird man nicht hoch genug bewerten können. Um aus einer eingespielten Dynamik ausbrechen zu können, bedurfte es offenbar schon in damaliger Zeit einer großen Energie und die sollte, wenn möglich, aus beiden „Polen“ gespeist sein. Schaut man sich nun wieder aktuelle Veränderungsdiskussionen in Gemeinden, Dekanaten und Kirchen an, dann wird man oftmals feststellen können, dass die Lust, der Aufbruch, das zukünftige Licht, die Zielperspektive weit weniger präsent sind als die Last, die Bedrängnis, der gegenwärtige Schatten. In Veränderungsprozessen geht es meiner Beobachtung nach oftmals stärker um „Krisen“, „Defizite“, „Problemanzeigen“. Wen wundert es, wenn schon bei solch einer Sprache wenig Neigung entsteht, sich aktiv zu beteiligen? Von „Chancen“, „Möglichkeiten“, „Gestaltungsräumen“ ist in Veränderungsdebatten oft weit weniger die Rede, geschweige denn von „Visionen“ und „Zielen“.
Der eine Merkposten aus der Exodus Erzählung lautet also: In Veränderungsprozessen geht es um beides, Last und Lust. Dabei ist es wichtig, sich bei angestrebten oder als notwendig erachteten Veränderungen vorher zu fragen, ob denn beides auch angemessen deutlich wird bzw. miteinander erarbeitet werden kann und soll.

In den Erzählungen des Exodus gibt es aber mindestens noch zwei weitere Aspekte, die auch für unsere heutige kirchliche Diskussion sehr aktuell sind.

2.) **Das Verändern verändern – das muss sein.**

Kaum aufgebrochen verändert sich die Veränderungsdynamik für die Mose Schar ständig. Mose ist jedenfalls mit seinem Leitungsamt allein bald überfordert und so berichtet das Exodus Buch im 18. Kapitel von dem Rat des Schwiegervaters von Moses, Jitro, mit folgenden Worten: „Es ist nicht gut, wie du das tust. Du machst dich zu müde, dazu auch das Volk, das mit dir ist. Das Geschäft ist dir zu schwer; du kannst es allein nicht ausrichten" (Vers 17f). Und im Buch Numeri, dem 4. Buch Mose, im 11. Kapitel, ist es Mose selbst, der zu Gott ruft: „Ich vermag all das Volk nicht allein zu tragen, es ist mir zu schwer" (Vers 14). Beides mal setzen diese Aussagen das Einsetzen einer neuen Führungsstruktur in Gang. Funktionen werden aufgeteilt, delegiert, zugeordnet und das sozusagen mitten im Gehen, in der Bewegung. Auch diese Beobachtung ist für heutige Veränderungsprozesse wichtig und zwar mindestens in vierfacher Hinsicht.

a.) Die Planbarkeit von Veränderung ist begrenzt. Es entstehen immer neue Dynamiken. Einflüsse wurden und werden anders eingeschätzt bzw. entwickeln sich neu, Unvorhersehbares tritt auf. Veränderungen leben offenbar davon, dass man inmitten des Prozesses umsteuert, Strukturen und sich selber weiter verändert.

b.) Klugerweise wird man also damit rechnen, dass man immer neue Haltepunkte braucht, um zu überprüfen, ob der Weg und das Ziel noch stimmen. Entscheidungen, die früher einmal in bester Absicht für lange Zeit getroffen wurden, müssen dabei oft genug allzu schnell wieder in Frage gestellt werden. Meiner Beobachtung nach wird in der Kirche nach wie vor zu wenig mit „Erprobungszeiträumen" gearbeitet. Die Haltung des „Ausprobierens" und „Versuchens" ist wenig präsent. Nach wie vor will man lieber dauerhafte Entscheidungen treffen oder eben gar nichts ändern. Dabei gilt aber doch: Die Entscheidungen von heute (egal welche), sind wesentlicher Teil unserer Probleme und Herausforderungen von morgen. Da sind neue Dynamiken im Spiel, die man oft genug nicht oder kaum vorhersehen kann. Entscheidend ist dann allein, wie schnell ein System reagiert, neu eingreift, eben das Verändern verändert.

c.) Eine Haltung, die beständig darauf pocht, dass vor einer Veränderungsentscheidung möglichst alle Eventualitäten der jeweiligen Folgen zu bedenken und zu prüfen sind, führt nur sowohl zu einer Hermeneutik des Verdachts als auch zu einer Lähmung der Entscheidungsorgane. Unter „Hermeneutik des Verdachts" verstehe ich, dass beständig neue Eventualitäten als mögliche Wirkungen einer Entscheidung aufgezeichnet werden, oft genug im worst case Szenario. Wird in dieser Haltung beständig neu argumentiert, dann entstehen oft Situationen, in denen in der Kirche Leitungsgremien kam mehr entscheiden können bzw. sich in eine Spirale hineinbegeben, in der neue Fragen neue Szenarien mit sich bringen, die dann ihrerseits wiederum zu neuen Fragen Anlass geben. Auch hier kann die Haltung der Veränderung des Veränderns Entlassung verschaffen. Mitten im Lauf, mitten in der Bewegung, ereignen sich neue Veränderungen, damit ist zu rechnen ohne vieles davon schon vorher konkret benennen zu können.

d.) Ein weiteres Blitzlicht aus der Exodus Geschichte gehört hierher. Kaum aufgebrochen heißt es in Kapitel 16: „Und es murrte die ganze Gemeinde der Israeliten wider Mose und Aaron in der Wüste. Und sie sprachen: Wollte Gott, wir wären in Ägypten gestorben durch des HERRN Hand, als wir bei den Fleischtöpfen saßen und hatten Brot die Fülle zu essen. Denn ihr habt uns herausgeführt in diese Wüste, dass ihr diese ganze Gemeinde an Hunger sterben lasst." (Vers 2). Kaum geht etwas schief, fangen sie an, die persönlichen An- und Vorwürfe. In Veränderungsprozessen geht das bis zum heutigen Tag ganz schnell mit dem Vorwurf: „Du bist schuld". Und auch die Verklärung der Vergangenheit setzt mitunter früh ein. Dabei gerät mitten in der Wüste das gelobte Land aus dem Blickfeld, die Vision ist nicht mehr sichtbar. Spürbar dagegen sind die Notwendigkeiten im Hier und Jetzt. Damals war es der Hunger, heute sind es Neuerungen, mit denen man (noch) nicht umgehen kann, der Verlust einer Pfarrstelle, die Verkleinerung des Gebäudebestands, Abbrüche, Verluste. Und auch hier können die Haltungen des „Erprobens" und des „Überprüfens" Alternativen wie „jetzt oder nie", „entweder – oder" überwinden. Dazu kommt eine von Anfang an möglichst realistische Einschätzung in die bevorstehende Wegstrecke. Genauso wenig wie durch Veränderung zumeist alles schlechter wird (so die Befürchtungen vieler), wird es zumeist auch nicht alles besser. Wüstenstrecken gibt es überall und auch die Zielperspektive eines Landes, in dem Milch und Honig fließt, darf man durchaus realistisch betrachten.

Mir helfen auch diese weiteren Blitzlichter aus der Exodus Geschichte, um auf falsche Alternativen zu achten, sie in Frage zu stellen. Gründlichkeit ist eine wichtige Voraussetzung für gute Veränderungen, Perfektion lässt sich aber nie erreichen. Vielmehr braucht es möglichst von Anfang an die Einsicht, dass alle Entscheidungen von heute und morgen auch neue Herausforderungen und Probleme mit sich bringen. Dennoch, eine Ursprungsgeschichte auch unseres Glaubens liegt darin, dass die Mose Schar losgehen konnte. Sie konnte dies, weil sie neben den genannten und erlebten Aspekten ein großes Gottvertrauen verspürte, das sich allerdings je nach Lage der Dinge auch schnell als brüchig herausstellte. Und damit bin ich beim dritten und letzten Blitzlicht aus der Exodus Erzählung.

3.) Als Glaubensgemeinschaft organisiert unterwegs

Die Mose Schar wird als wanderndes Gottesvolk beschrieben. Hier ist eine Glaubensgemeinschaft auf dem Weg. Im Mittelpunkt stehen ihre Gottes- und Glaubenserfahrungen und weil diese Exodus Geschichte bis zum heutigen Tag in fast jede Lebensgeschichte hineinspricht, deshalb ist diese Geschichte als Grundlage des Glaubens auch für uns heute unverzichtbar. Darunter und daneben wird im Buch Exodus dann auch davon berichtet, dass diese Mose Schar organisiert ist und diese Organisation sich z.B. in der Führungsstruktur während des Veränderungsprozesses grundlegend verändert. Damit sind beide Seiten beleuchtet, die auch in heutigen Veränderungsdebatten innerhalb der Kirche eine große Rolle spielen: Die Sichtweise der Kirche als Glaubensgemeinschaft auf der einen und als Organisation bzw. als Institution auf der anderen Seite. Natürlich ist dies kein Gegensatz, aber diese Unterscheidung will beachtet sein.
Mir hat eine mündliche Aussage des Wiener Organisationsentwicklers Leo Baumfeld an dieser Stelle sehr geholfen, der betont:
„Kirche ist keine Organisation (wie jede andere), Kirche hat eine Organisation“.
Mit diesem Satz wird herausgestellt, dass Kirche sich nicht sich selbst verdankt und nicht aus sich selbst heraus gegründet ist. Das Wort Gottes ist immer schon Grundlage und der Kirche immer auch voraus. Kirche ist Mittel zum Zweck, Gott bedient sich ihrer. Kirche hat einen Auftrag bekommen und ihn nicht selber in der Hand. Dieser Gottesbezug unterscheidet sie von allen anderen Organisationen. Gleichzeitig gilt aber schon von Anfang an: Die Kirche hat eine Organisation. Wo zwei oder drei in Jesu Namen versammelt sind, da beginnt eben auch die Organisationswerdung der Glaubens-gemeinschaft. Nun ist das eine nicht gleichrangig mit dem anderen, aber aus beiden Perspektiven kann man Kirche beschreiben. Baumfelds Satz „Kirche ist keine Organisation, Kirche hat eine Organisation“ versucht schon sprachlich diesen Vorbehalt, diese Sonderstellung auszudrücken.
Folgende Punkte sind nun besonders wichtig:

a.) In kirchlichen Veränderungsprozessen habe ich erlebt, dass es entlastend sein kann, wenn man darauf verweist, dass schon in der Bibel von der Kirche, die eine Organisation hat, gesprochen wird und schon in der Bibel beständig um Veränderungsnotwendigkeiten dieser Organisation gerungen wird.

b.) In den Diskussionen gehören beide Aspekte zusammen und sind doch immer wieder voreinander zu trennen. Wie wird es weiter gehen mit uns als Glaubensgemeinschaft an einem bestimmten Ort zu einer bestimmten Zeit? Und was bedeutet die Antwort auf diese Frage für unsere Organisationsform z.B. als Gemeinde vor Ort? In meinen komplexen Beratungsprozessen z.B. auch in der Pfälzer und in der Rheinischen Landeskirche habe ich es immer erlebt, dass es nie nur um ein Einsparen und um eine Veränderung der Organisationsstruktur gegangen ist. Beteiligte haben immer auch und vielfach zuerst nach den möglichen Auswirkungen auf die Glaubensgemeinschaft gefragt bzw. noch tiefer angesetzt und zuerst und vor allem um die Frage gerungen, wie sie sich denn als Glaubensgemeinschaft in einer sich stetig wandelnden Gesellschaft begreifen. Nochmals anders ausgedrückt: Wer glaubt, dass es in der Kirche möglich und angezeigt sei, z.B. aus Aspekten notwendiger Einsparungen heraus die Organisation umzubauen, der wird sofort auch die Diskussion auslösen, wie denn die Glaubensgemeinschaft heute ihrem Auftrag als Kirche Jesu Christi nachkomme könne und solle. Ich habe es oft so wahrgenommen, dass der organisationale Umbau als Last empfunden wurde, die nur dann mitgetragen werden konnte, wenn sich auf der Ebene der Glaubensgemeinschaft mit gemeinsam erarbeiteten Zielen und Ideen der Aspekt der „Lust“ bzw. der Auftragserfüllung einstellte. Oder um ein geflügeltes Wort aus der kirchlichen Diskussion aufzugreifen. Eine Kirche bzw. eine Gemeinde, die nur auf der organisationalen Seite zu Reformen aufgerufen wird, wird aus ihrer Sicht zu Recht sehr bald Stresssymptome zeigen. Eine Gemeinde, die aber selbst erarbeiten kann wie sie sich als Gemeinde Jesu Christi im 21. Jahrhundert verstehen will, die wird mit einer ganz anderen Fundierung ihren Weg der Veränderung fortsetzen.

Mentale Landkarten helfen sehen: Rudolf Wimmer

Setzt man nun die Blitzlichter aus der Exodus Erzählung mit der in der systemischen Beratung sehr stark rezipierten „Dramaturgie eines einschneidenden Veränderungsprozesses“ nach Rudolf Wimmer in Beziehung, so fallen markante Übereinstimmungen auf. Ich möchte die Aufmerksamkeit besonders auf die Punkte 1,2 und 4 dieser Schleife richten.

Die Dramaturgie eines einschneidenden Veränderungsprozesses

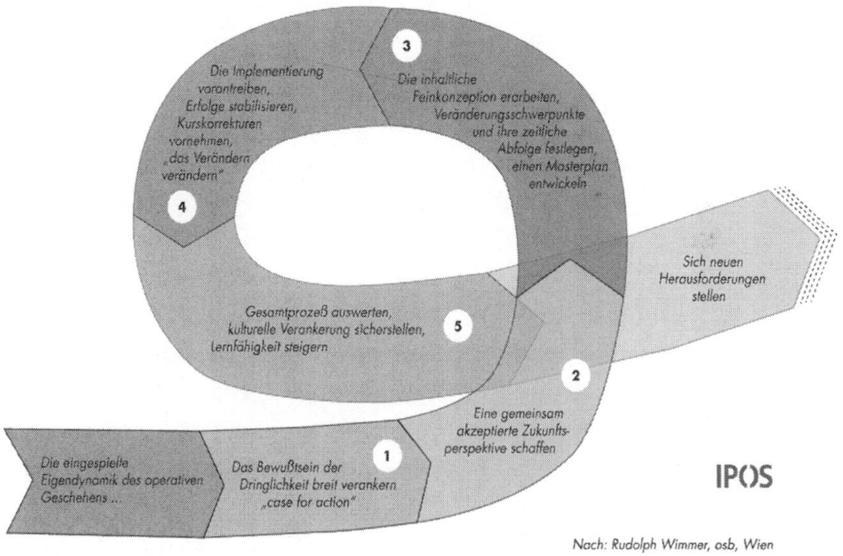

Nach: Rudolph Wimmer, osb, Wien

Da ist zunächst sozusagen als Punkt 0 die Sklaverei in Ägypten die „eingespielte Eigendynamik des operativen Geschehens“. Um den

Aufbruch aus der Gegenwart zu ermöglichen, bedarf es nach Wimmer vor allem zweier Schritte.
Schritt 1: Das „Bewusstsein der Dringlichkeit“ ist breit zu verankern und
Schritt 2: Es ist eine „gemeinsam akzeptierte Zukunftsperspektive“ zu schaffen.
Wichtig ist, dass sowohl der erste Schritt mit dem Bewusstsein des „case for action“ als auch die Zukunftsperspektive breite Resonanz und Akzeptanz finden.
Und während in Schritt 3 der Masterplan der Veränderung entwickelt werden soll, wird in Schritt 4 schon davon gesprochen, dass das Verändern sich zu verändern habe und also „Kurskorrekturen“ vorgenommen werden sollen bzw. mit dieser Möglichkeit gerechnet werden muss und sie dann auch in die Veränderungsdynamik einzubauen sind.
In den Beratungsprozessen vor Ort spielen die Schritte 1 und 2 meiner Erfahrung nach tatsächlich eine ganz wesentliche Rolle. Zwei Haltungen sind mir dabei oft begegnet.

Sowohl bei Beratungen von Kirchenvorständen als auch von ganzen Kirchenkreisen ist es für die zu beratenden Einheiten mitunter schwer zu verstehen, dass zu Beginn eines Beratungsprozesses viel Zeit darauf verwendet wird, nach dem sogenannten „case for action“ zu fragen und ihn so herauszuarbeiten, dass möglichst alle Beteiligten ihn sehen, spüren, fühlen, erkennen und mittragen können. Während auf Kundenseite oft genug der Wunsch besteht, möglichst schnell zu überschaubaren und schnell umsetzbaren Lösungen zu kommen, verlangsamt die Beratung diesen Prozess offenkundig. In dieser Wahrnehmungsphase geht es aber vor allem darum, dass die Beteiligten sich eine gemeinsame Wirklichkeit erarbeiten: „So stehen wir da, so geht es uns, das ist uns passiert, darin sind wir gefangen, das bedrückt uns, das ist im Moment zu erwarten“. Genauso aber gehört dazu wahrzunehmen, was gelungen ist, was erfolgreich war, was Freude gemacht hat.

Der Schritt 1 umfasst demnach eine umfangreiche Bestandsaufnahme, eine Ist-Analyse, die, so die Logik der Veränderungsschleife, ergeben soll, dass es ein „Weiter-so“ nicht geben darf. Das klingt allerdings einfacher als es in der Realität darzustellen ist. Arbeitet man an dieser Stelle sehr stark mit Prognosen, so wird regelmäßig angezweifelt, dass diese Vorhersagen auch so eintreffen. Irrtümer habe es in der Vergangenheit ja schon viele gegeben und natürlich ist zu konstatieren, dass Prognosen nicht anderes tun können, als Erkenntnisse aus der Gegenwart und der Vergangenheit in ihrer Relevanz für die Zukunft auszuziehen. Ebenso wird hier deutlich zu machen sein, dass die Kirche sich nicht sich selbst verdankt und also immer mit dem Eingreifen des Heiligen Geistes und damit dem Unverfügbaren zu rechnen ist.
Aber gerade weil die Kirche damit auch quer zu allen Institutionen und Organisationen dieser Welt steht, muss sie diesem Schritt 1 eine gute Aufmerksamkeit widmen. Wenn nur eine kleine Schar der in ihr Handelnden überzeugt davon ist, dass der „case for action“ z.B. aufgrund zurückgehender Gemeindegliederzahlen gegeben sei, dann wird diese kleine Schar mit ihren dann folgenden Veränderungsinitiativen nichts anderes als Gleichgültigkeit oder gar Gegendruck erzeugen.
Wimmer betont aber mit dieser Schleife gleichzeitig die Notwendigkeit des Schaffens einer „gemeinsam akzeptierten Zukunftsperspektive“ als Schritt 2 und stellt damit die Wichtigkeit des Herausarbeitens eines Bildes bzw. des Landes, in dem Milch und Honig fließt, heraus. Nach dem bisher Ausgeführten muss dabei für die kirchliche Veränderungsprozesse gelten, dass diese Zukunftsperspektive nicht nur ein neues Organigramm der Organisation „Kirche“ oder „Kirchengemeinde“ meint, sondern im System „Kirche“ geht es eben vor allem auch um „Sinn“, „Glauben“, „Gemeinschaft“.
Entweder werden diese Kernbereiche des Systems „Kirche“ in einer Veränderungsdynamik explizit aufgenommen und bearbeitet oder aber es ergibt sich die Notwendigkeit, zu einem Konsens darüber zu kommen, dass die anstehenden Veränderungsfragen „nur“ (kleinere) organisationale Veränderungen anstoßen, aber den Kern von „Kirche“

nicht antasten. Was nicht passieren sollte ist, dass sich beide Ebenen mitten in einem Prozess überraschend vermischen und verschneiden. Ich fand es sehr gut, dass in einer Andacht zu Beginn einer öffentlichen Tagung einer Kreissynode zum Thema „Kirchenkreiskonzeption" in der rheinischen Kirche deutlich wurde, was das Eine (die Weiterentwicklung des Organigramms) mit dem Anderen (dem Auftrag der Kirche) zu tun bzw. nicht zu tun habe. Allerdings wird man sagen müssen, dass die allermeisten Veränderungen der Organisation sehr wohl auch Fragen nach Wahrnehmung und Ausgestaltung des Auftrags von „Kirche" mit sich bringen und sich dann also ergibt, dass sich die gemeinsam akzeptierte Zukunftsperspektive auch auf beiden Ebenen beziehen muss.

Klar wird an dieser Stelle sowohl von den Blitzlichtern der Exodus Erzählung als auch von Wimmers Veränderungsschleife her, dass Lust und Last, case for action und eine gemeinsam akzeptierte Zukunftsperspektive Veränderungen befördern, wenn nicht gar überhaupt erst ermöglichen und beide Aspekte wohl beachtet werden sollten und zwar gerade in einer so komplexen Gemengelage wie in der Kirche.

Wenn unterschiedliche Logiken aufeinanderprallen….

„Kirche ist keine Organisation (wie jede andere), Kirche hat eine Organisation". Dieser Satz von Leo Baumfeld weist vor allem auf die Gottbezogenheit der Kirche als fundamentales und einmaliges Merkmal hin. Diese Gottbezogenheit stellt alle Ansätze von „Strategie", „Planung" und „Steuerung" in Frage. Christliche Kirche kommt von der Botschaft des gekreuzigten und auferstandenen Jesus Christus her und rechnet mit dem Wirken des Heiligen Geistes. Diese Merkmale unseres Glaubens widersetzen sich menschlicher Steuerung aber grundsätzlich. Sie führen nicht etwa dazu, dieses Geschehen in ein Gefüge menschlicher Planbarkeit einzubauen, sondern führen hinein ins Gebet als Danksagung und Bitte und verweisen so auf das Unverfügbare. Gerade dieses Wesensmerkmal einer Glaubensgemeinschaft stellt aber alle Strategiearbeit in Frage und macht verständlich, warum Prognosen und Planungsprozessen in der Kirche immer wieder heftig misstraut wird. Aussagen wie „da werde nicht mit dem Wirken des Heiligen Geistes gerechnet" oder gar „das sei geistlos" schlagen Statistikern und Prognostikern in der Kirche immer wieder entgegen. Und tatsächlich ist es ja so, dass Prognosen nichts anderes tun (können) als Erkenntnisse und Erfahrungen der Gegenwart und Vergangenheit auf die Zukunft hochzurechnen. Unvorhersehbares lässt sich prognostisch nicht erfassen und auch das Wirken des Heiligen Geistes entzieht sich Gott sei Dank statistischer Modellberechnungen. Dies gilt aber in beide Richtungen. Auch eine Aussage wie „es wird eine neue Erweckung geben und deshalb sei der prognostizierte Rückgang der Gemeindemitgliederzahl falsch" rechnet nicht etwa mit dem freien Wirken des Heiligen Geistes, sondern benutzt ihn für eine eigene, schon längst vorhandene Anschauung. Alles irdische Tun und Handeln innerhalb der Kirche steht eben unter diesem Vorbehalt des göttlichen Wollens und Wirkens. Um diesen Vorbehalt zu wissen, ist wichtig, entlastet aber nicht, sowohl für die Glaubensgemeinschaft als auch für die Organisation das Menschenmögliche zu tun.

Im Folgenden zähle ich Wahrnehmungen auf, die sich in „der Kirche" und ihrer Diakonie abspielen, und an vielen Orten zu Unverständnis, Missverständnissen, Unmut und Auseinandersetzungen führen. Schnell ist man dann mit Kategorien wie „das geht doch nicht" zur Stelle, unterteilt in „richtig" und „falsch", „angemessen" oder „unangemessen". Auf solche Wertungen wird hier ganz bewusst verzichtet. Vielmehr sollen die hier beschriebenen Wahrnehmungen dazu führen, verschiedenen Logiken zu benennen, die allesamt in der Kirche anzutreffen sind und dort auch ihre Bedeutung haben.

- Frauen und Männer, die zum ersten Mal in einen Kirchenvorstand (Ältestenkreis) gewählt werden, sind vor allem zu Beginn einer neuen Legislaturperiode oft hoch motiviert. Fragt man dieselben Personen nach drei bis vier Jahren Amtszeit hat sich diese Anfangsmotivation deutlich gelegt. Häufig wird dies dadurch erklärt, dass man vor der Wahl nicht richtig und vollständig über die Aufgaben eines Kirchenvorstehers, einer Kirchenvorsteherin informiert worden sei. Offenbar kommt es hier zu einer Diskrepanz zwischen Erwartung und erlebter Wirklichkeit. Dahinter kann man aber auch folgendes Erklärungsmuster anlegen: Personen, denen es bei ihrem Engagement in „ihrer Kirche" vor allem um Sinn- und Glaubensfragen geht, müssen irritiert zur Kenntnis nehmen, dass diese Kirche auch eine Organisation hat, deren einziges Leitungsorgan auf Ortsebene eben der Kirchenvorstand ist. Weil eine Organisation aber in ihrer Logik davon lebt, dass sie vor allem auch Personal-, Bau-, Finanzentscheidungen trifft und treffen muss, nimmt diese Seite einer Kirchengemeinde einen großen Raum in den Kirchenvorstandssitzungen ein, was bei nicht wenigen Mitglieder zu der Aussage führt: „So habe ich mir die Arbeit eines Kirchenvorstandes nicht vorgestellt". Sie ihrerseits hatten in ihrer Logik z.B. vor allem eine gute Pflege der Glaubensgemeinschaft, gottesdienstliche Akzente, hilfreiches Tun für Andere im Blick. Nicht selten sind solche Mitglieder im Kirchenvorstand tief enttäuscht, wenn ein Personalkonflikt mehrere Sitzungen überschattet und möglicherweise sogar dienstrechtliche Maßnahmen diskutiert werden. Anders formuliert: Sie wollen sich gar nicht in der Logik einer Organisation bewegen, sondern verstehen sich selbst als Engagierte, denen es um Glaubensfragen und Fragen der Stärkung der Glaubensgemeinschaft geht.
- Es gibt aber auch die Wahrnehmung von „der anderen Seite" her. Wenn Kirchenvorstände gezielt nach Kompetenzen z.B.

in Feldern wie „Finanzen“ oder „Bauangelegenheiten“ suchen, so werden sie – Gott sei Dank – häufig nach wie vor Menschen ansprechen und finden, die bereit sind sich zu engagieren. Diese neuen Ehrenamtlichen erleben dann aber eine Organisation, in der Entscheidungen scheinbar entweder gar nicht oder aus ihren Augen quälend langsam getroffen werden. Dann kann man in Kirchenvorständen z.B. bei Personaldiskussionen Aussagen hören wie: „Das würde bei uns (gemeint ist dann meist die betriebliche Situation am Arbeitsplatz) ganz anders (gemeint ist „schneller“, „klarer“) gelöst werden“; „das könnte man sich bei uns nicht erlauben“, „da müsste doch mal durchgegriffen werden“. Ihrerseits lösen sie mit schnellen Entscheidungen vor allem in Personalfragen oft Irritationen aus: „So können wir als Kirche doch nicht vorgehen“ wird bei einer Abmahnung oder gar einer Kündigung eingeworfen und ein „geschwisterliches“ Verhalten angemahnt. Bei Gesprächen bezüglich einer Kooperation oder einer Fusion kann man in Kirchenvorständen schon mal den Satz fallen hören: „Wir sind hier doch nicht auf einem Basar“, wenn andere aus ihrer Sicht ganz „normal“ darauf aus sind, für die eigene Gemeinde ein gutes Verhandlungsergebnis zu erzielen.

- Wie gesagt, diese Gegenüberstellung zweier unterschiedlicher Verhaltensmuster soll hier nicht bewertet werden. Es geht nicht um „richtig“ oder „falsch“. Klar ist aber, dass hier zwei unterschiedliche, miteinander kaum verträgliche Logiken am Werke sind. Ganz zugespitzt könnte man sagen, dass für die eine Logik die Organisation und deren Erfordernisse keine Rolle spielt. Sie können und wollen gar nicht ausleben, dass der Kirchenvorstand das einzige Entscheidungsorgan dieser Körperschaft des öffentlichen Rechts ist. Ihnen ist „Kirche“ mit ihrem Angebot des Glaubens, der Vermittlung von Sinn, der Stärkung einer Gemeinschaft wichtig. Die andere Logik wird diese Seite von Kirche insofern dagegen eher als Last empfinden, sofern dadurch aus ihrer Sicht notwendige Entscheidungen aufgeschoben oder gar verhindert werden. In ihrer Zuspitzung wird so sogar die Existenz der Organisation in Frage gestellt, was dieser Logik nach die schlimmste alle denkbaren Entwicklungen ist: Eine Organisation bedroht sich selbst durch unterlassene oder schlecht getroffene Entscheidungen.

- Im Amt und in der Person der Pfarrerin, des Pfarrers werden diese Unverträglichkeiten besonders augenfällig. Wirken soll der Pfarrer, die Pfarrerin vor allem durch das Wort und zwar das verkündigende Wort. Sicher kann man so eine Gemeinschaft zusammenhalten und ihre Sinnhaftigkeit immer wieder vergegenwärtigen und stärken. Eine Organisation, zumal eine, die sich in einer pluralen Umwelt bewegt, wird man so aber nicht leiten können. Da braucht es Entscheidungsorgane und Entscheidungswege, Leitung und die kontrollierte und konsequente Ausführung von Beschlüssen. Von Pfarrerinnen und Pfarrern wird nun aber verlangt, dass sie sich auf der Ebene der Glaubensgemeinschaft und auf der Ebene der Organisation und dort sowohl als Leitung wie auch als Verwaltung gleichermaßen bewegen können. Das ist aus meiner Sicht ein durchaus gewagter Anspruch und führt zu merkwürdigen Erscheinungen. So gibt es in der Glaubensgemeinschaft häufig Misstrauen gegen stark auftretende Entscheider. Bei Bewerbungen um kirchliche Wahlämter kann man insbesondere in Synoden erleben, dass ein eher bescheidenes Auftreten eine Person bei der Vorstellung vor dem Wahlgremium eher wählbar erscheinen lässt als ein „Macher“, eine „Macherin“. Eine Organisation dagegen brauche häufig Personen, die „zupacken“ und „wegweisend auftreten“ können. Da sind dann offenbar andere Wesensmerkmale und Qualifikationen notwendig. Auch hier werden unterschiedliche Logiken sichtbar. Mit

Niklas Luhmann und seinen Zuordnungen gesprochen könnte man sagen: Im eigentlichen Funktionssystem „Religiosität" geht es primär um Glauben, im Funktionssystem „Markt" geht es primär ums Handeln, ums Aushandeln und letztlich um Preise, Kosten und damit eben ums Geld. Schwierig ist nun, dass die Kirche und ihre Diakonie mit ihrer Organisation z.B. als einer der größten Arbeitsgeber in Deutschland die Logiken unterschiedlicher Funktionssysteme bedienen muss und sich dies auf allen Ebenen der Kirche, also auch in einer Kirchengemeinde z.B. mit ihrer Kindertageseinrichtung oder ihrer Diakoniestation widerspiegelt. Und von Pfarrerin und Pfarrern wird letztlich verlangt, dass sie sich in beiden Funktionssystemen gleichermaßen bewegen können. Wenn man sich nun aber die Basismotivation für das Ergreifen des Berufs einer Pfarrerin oder eines Pfarrers anschaut, dann wird man feststellen, dass das Funktionssystem „Markt" kaum im Blick ist und sich in diesem Berufsstand eher große Vorbehalte dazu auffinden lassen. Und doch wird von dieser Berufsgruppe erwartet, dass sie sich wesentlich auch auf diesem Feld und in diesen Denk- und Sprachmustern zu bewegen habe.

- Auch hier kann man die Perspektive wieder umdrehen und dieselbe Wahrnehmung von einer anderen Seite her betrachten. Jede Organisation braucht eine Verwaltung. Alle Kirchen haben vor allem auch zentrale Verwaltungseinrichtungen. Diese Verwaltungen müssen auch nach bestimmten Logiken funktionieren und diese anwenden. So hat z.B. der Gleichheitsgrundsatz eine ganz wichtige Funktion. Die Kehrseite davon sieht allerdings so aus, dass alle Verwaltungen sich schwer tun mit Ausnahmen und Präzedenzfällen. Jede Ausnahme stelle den Gleichheitsgrundsatz in Frage, jeder Präzedenzfall könnte dazu führen, dass die gesamte bisherige Systematik in Frage gestellt wird. Ebenso kennzeichnend für Verwaltungen ist, dass sie Probleme und Herausforderungen mit dem schon vorhandenen Instrumentarium zu bewältigen haben. Auflaufende Fragen müssen also in den Rahmen eingeordnet werden, der bereits zur Verfügung steht. Von daher sind auch häufig Aussagen zu hören wie „Das müssen wir so machen“, „Nein, das dürfen wir so nicht machen“, „Das kann man nur so handhaben“.... Verwaltungen geht es per se nicht um Fortentwicklungen und Evolution, sondern um ein gutes Anwenden der vorhandenen Paragraphen. Diese Sicht prallt aber nun auf Kirchengemeinden und Dekanate, die sehr erfinderisch mit neuen Herausforderungen umgehen. Konflikte sind da vorprogrammiert. Zugespitzt formuliert könnte man sagen, dass sich die Kirche aus Sicht der Verwaltung an bestimmte Spielregeln und Vorschriften zu halten hat, auch wenn die Glaubensgemeinschaft „Kirche“ diese hinterfragt oder neue Wege einschlagen möchte. Besonders deutlich wird diese Verschiedenheit, wenn eine einzelne Kirchengemeinde als selbständige Körperschaft des öffentlichen Rechts für sich neue Wege gehen möchte, die zentrale Verwaltungseinheit aber mit Blick auf weit über 1000 Kirchengemeinden im Blick haben muss, dass es eine gerechte und möglichst einheitliche Handhabung von Abläufen und Inhalten geben sollte. Verwaltungen sind keine Experimentierräume, sondern ausführende Organe, die das Funktionieren der Organisation zu gewährleisten haben. Von daher sind Sonderregelungen für Beschäftigte vor Ort zunächst immer problematisch. Nebenabsprachen oder gar Zusagen, die Kirchenvorstände vor Ort schon getroffen haben, werden nicht gerne gesehen. Verträge, die eigenständig geschlossen werden, unterliegen von daher oftmals der Kritik.

- Besondere Wahrnehmungen betreffen das Feld von Kirche und ihrer Diakonie. Sicher wird man sagen können, dass der Bereich diakonischer Arbeit sich starken Einflüssen des Marktes ausgesetzt sieht. Folgerichtig ist dieses Thema, diese Gedankenwelt, diese Sprachwelt in diakonischen Einrichtungen auch deutlich ausgeprägt. Dies kann aber dazu führen, dass kirchliche Systemeinheiten, die vom Gedanken der Gemeinschaft geprägt sind, ablehnend auf diese „Markteinflüsse" reagieren und sogar fordern können, dass man sich als Kirche ganz aus dem „Markt" herausziehen müsse. Dieser wird dann als etwas der Kirche wesensfremdes aufgefasst und gemeint ist damit, dass man sich den Spielregeln des Marktes nicht ausliefern oder sich ihnen unterordnen dürfe. Auf der anderen Seite führt der diakonische Bereich aber eindrücklich vor Augen, was sich längst auch für das gesamte Feld der Religiosität feststellen lässt. Es gibt eine Vielzahl von Anbietern, die auf „Nutzer" treffen, die zu einem guten Teil keine traditionelle Anbindung mehr kennen und sich nach anderen Verhaltensmustern auf diesem „Markt" bewegen als dies früher denkbar gewesen wäre.

Führt man diese exemplarischen Wahrnehmungen nun auf bestimmte Organisationsmerkmale der „Kirche" zurück, dann sind es zwei, die die Veränderungsprozesse in der Kirche besonders prägen.

- Da ist zum einen die Tatsache, dass die Kirche in ihrer Aufbaustruktur zunächst Körperschaften des öffentlichen Rechtes auf drei Ebenen kennt: Kirchengemeinden, Dekanat (auch Kirchenkreis oder Kirchenbezirk genannt) und Gesamt- oder Landeskirche. Dazu kommt noch in unterschiedlicher Verfasstheit der diakonische Bereich. Nun sind diese Ebenen keineswegs in einem statischen Neben- oder Untereinander zu sehen. Da in den letzten Jahrzehnten in praktisch allen evangelischen Landeskirchen eine Stärkung der mittleren Ebene stattgefunden hat, muss sich gegenwärtig neu ausbalancieren, wer für was eigentlich in welchem Umfang verantwortlich ist. Jedenfalls hat man mit der Stärkung der mittleren Ebene die Komplexität kirchlicher Strukturen weiter erhöht und muss nun, mitten im Gehen, immer wieder bzw. weiter neu klären, wer für was zuständig ist[1]. Theologisch betrachtet wird es dadurch noch komplexer. Ist das Dekanat, der Kirchenkreis eigentlich Kirche oder „nur“ eine Verwaltungseinheit, die letztlich die Ortsgemeinde zu unterstützen hat? Eine theologische Frage, die nicht nur im Rheinland deutlich umstritten ist. Systemisch betrachtet kommen damit aber auch ganz unterschiedliche Perspektiven in den Blick. Was ist Zentrale, was ist Peripherie? Was ist oben, was ist unten? Und noch pointierter formuliert: Wenn jede Körperschaft des öffentlichen Rechts sich selbstbewusst als eigene Systemeinheit versteht, dann muss sie und wird sie bestimmten Logiken folgen. Sie wird sich beispielsweise nicht selbst abschaffen, sondern ganz im Gegenteil ihr eigenes Überleben sichern wollen. Sie wird sich selbst wahrnehmen wollen, indem sie sich als eigenständige Größe unterscheidet und zwar gerade vom Nachbarn oder von der nächsten Kirchengemeinde. Diese Logik prallt

[1] So führt der Kirchenpräsident der EKHN, Prof. Peter Steinacker, in seinem Bericht vor der Synode im Jahr 2002 aus: „Im Sinne des mit großer Mehrheit angenommenen Dekanatsstrukturgesetzes bleibt die Gemeinde Basis der Kirche. Andererseits geht es aber auch darum, der Pluralität der Milieus kirchlicher Lebenswirklichkeit zu entsprechen und auf die religiöse Orientierung der Mitglieder einzugehen. Die Bindekraft der kirchlichen Angebote ist sehr verschieden. Die Gemeinde allein ist bezüglich dieser Perspektive zu eng. Sie hat auch nicht die Ressourcen, um diesen Herausforderungen zu entsprechen; diese können auch nicht von der Gesamtkirche zur Verfügung gestellt werden, weil die Gesamtkirche dafür zu weit ist, um auf die verschiedenen Milieus einzugehen. Deshalb bildet das Dekanat die organisatorische Gestalt der Volkskirche in der Region und steht für die Einheit von gemeindlichen Angeboten und kasueller und religiöser Orientierung der Mitglieder. Im Dekanat ist sowohl eine angemessene Ressourcenverfügung darstellbar, als auch eine hinreichende mitgliedernahe Struktur der Angebote gestaltbar“. Kirchenpräsident Prof. Dr. Dr. h. c. Peter Steinacker: Bericht zur Lage in der Kirche und Gesellschaft für die 10. Tagung der Neunten Kirchensynode der Evangelischen Kirche in Hessen und Nassau, Frankfurt/Main, April 2004, Seite 16

aber nun an bestimmten Stellen auf Grundhaltungen der Glaubensgemeinschaft, denn für sie hat zu gelten: „Denn wir sind durch einen Geist alle zu einem Leib getauft, wir seien Juden oder Griechen, Sklaven oder Freie, und sind alle mit einem Geist getränkt" (1. Korinther 12, 13). Während also der Geist alle verschiedenen Glieder zu einem Leib zusammenfügt, führt die Systemlogik dazu, dass die eigene Identität und auch das eigene „Überleben" in Abgrenzung und im Gegenüber zu aller Umwelt gesetzt werden. Dass diese Systemlogik lebt, kann man vor allem dann spüren, wenn in einer Synode z.B. über die Veränderung der Zuweisungssystematik für Kirchengemeinden debattiert wird. Alle Kirchengemeinden, die von der Veränderung eine Verringerung der Zuweisung zu erwarten hätten, könnten in den Modus verfallen, dass sie durch diese angestrebte Veränderung in ihrer Existenz bedroht sein würden. Ein System schafft sich aber nicht selber ab. Das aber bedeutet auch, dass alles, was das Überleben einer Systemeinheit zu bedrohen scheint, verhindert werden muss. Dieser Logik hat sich dann alles unterzuordnen. Dementsprechend wird die Argumentation auch laufen. „Übergeordnete" Ziele der Gesamtkirche treten dagegen deutlich in den Hintergrund. Die vielen Glieder an dem einen Leib werden sich vor allem um sich selbst kümmern und Sorge dafür tragen, dass z.B. eine Synode keine für sie existenzbedrohenden Beschlüsse fassen wird.

- Evangelische Kirche ist auch deshalb ein komplexes System, weil in ihr für alle drei Ebenen in der Leitung ein Zusammenspiel zwischen Haupt- und Ehrenamt konstitutiv ist. Damit aber sind viele Zuständigkeits- und Weisungsfragen impliziert, Verfahrenswege sind oft schwierig durchschaubar oder können leicht umgangen werden. Wer ist wem weisungsberechtigt oder wem gerade nicht? So ist in der EKHN eine Dekanin Vorgesetzte eines Gemeindepfarrers, aber natürlich nicht gegenüber der Vorsitzenden des Dekanatssynodalvorstandes. Eine Gemeindepfarrerin aber kann sehr wohl Mitglied der Kirchensynode sein und dort über die grundlegenden Gesetze mitberaten und mitbeschließen, die dann ihr Vorgesetzter auszuführen hat. In der Praxis ist diese komplexe Aufbausystematik aber auch so greifbar: Pfarrerin und Pfarrer, die sich in das Führungsorgan auf Dekanatsebene haben wählen lassen, sagen von sich, dass sie diese Tätigkeit ehrenamtlich ausüben. Es gibt aber Kirchenkreise z.B. im Rheinland, die solch eine bezirkliche Tätigkeit im Dienstauftrag als Teil des Hauptamtes beschreiben. Bezüglich des Rollenverständnisses kann man feststellen, dass Ehren- und Hauptamtliche sich in „höhere" Führungsaufgaben wählen lassen, um dort gezielt das Interesse der eigenen Ortsgemeinde zu vertreten, andere dagegen sind in verschiedenen Ebenen bewusst mit dem „Hut" der jeweiligen Ebene auf dem Kopf unterwegs und tragen also unterschiedliche Perspektiven in sich. Das kann dann wiederum dazu führen, dass sie sich vor Ort für ihr Abstimmungsverhalten hinterfragen lassen müssen. Wie unterschiedlich die Motivationslagen und Haltungen bei Haupt- und Ehrenamtlichen sein können, wurde schon ausgeführt. In der Praxis kann dies dann z.B. zu folgender Situation führen: Ein Kirchenvorstand ist mit der Arbeit der Leitung einer Kindertagesstätte unzufrieden und beauftragt den Pfarrer ein Dienstgespräch mit der betreffenden Person zu führen. Nach dem Gespräch wendet sich die empörte Leiterin der Einrichtung an die Mutter eines Kindes, die gleichzeitig Kirchenvorsteherin der Gemeinde ist. In der nächsten Sitzung des Kirchenvorstandes macht sich die Frau zur Sprecherin der Leiterin und beklagt das Vorgehen als unchristlich. Die Erregung zieht Kreise und führt dazu, dass mehrere Kirchenvorsteherinnen und Kirchenvorsteher erklären, dass sie sich nicht haben wählen lassen, um anderen Leute ihren Arbeitsplatz wegzunehmen. Der Vorsitzende des Kirchenvorstandes macht daraufhin klar, dass man schon viel zu lange nichts getan habe und nun endlich aktiv werden müsse. In der Erinnerung wird die Wirkung der Sitzung u.a. mit den Worten beschrieben, dass seitdem ein ganz anderer Wind im Kirchenvorstand wehen würde. Diese Schilderungen machen die unterschiedlichen Logiken und Verhaltensmuster sehr schön deutlich.

Diese im Wesen der Kirche angelegte Komplexität und Verschiedenheit der Haltungen will gut beachtet sein, vor allem wenn es darum geht, Veränderungsprozesse in der Kirche zu gestalten. Wie schon bei der Veränderungsschleife von Rudolf Wimmer tut es gut, vor sich eine Art mentale Landkarte liegen zu haben, die einem die Orientierung erleichtern kann.

Mentale Landkarten helfen sehen: Leo Baumfeld

In dem Aufsatz „GBOE[2] im Jahre 2012. Vom Umgang mit der gestiegenen Komplexität“ haben die vier Studienleitungen[3] im Bereich der Organisationsentwicklung des IPOS folgendes zu diesen unterschiedlichen Ausdrucks- und Verständnisformen ausgeführt:

„In Diskussionen z.B. im Kirchenvorstand prallen häufig völlig unterschiedliche Bilder von Kirche und Gemeinde aufeinander. Wir haben gelernt, dass es wichtig ist, sich über diese unterschiedlichen Perspektiven und Bilder klar zu werden und auszutauschen. Um diese Klarheit

---

[2] Die Abkürzung steht für: „Gemeindeberatung und Organisationsentwicklung“

[3] Gerd Bauz, Jutta Rottwilm, Dr. Kerstin Söderblom, Dr. Steffen Bauer, der hier zitierte Abschnitt des Aufsatzes stammt von mir selbst.

herzustellen, hilft uns ein Modell von Leo Baumfeld[4], das auf die Kirche angewandt so beschrieben werden kann:
Das Funktionssystem „Kirche“ (und damit auch die Gemeinde vor Ort) muss und wird stets aus verschiedenen Perspektiven beschrieben werden, um seiner Vielfalt gerecht zu werden. Eine Gemeinde ist eben nicht nur eine „Gemeinschaft“, sondern sie hat auch eine „Organisation“. Und nicht nur beim Ausschreiben von Kinder- und Jugendfreizeiten merken Kirchenvorstände, dass Kirche und Gemeinde auch aus der Perspektive des „Marktes“ beschrieben werden muss und beschrieben wird, denn auf vielen Gebieten hat sie es mittlerweile mit anderen Anbietern, mit Partnern, Zielgruppen und Milieus zu tun.
In der konkreten Beratung vor Ort verwenden wir folgende Modellskizze:

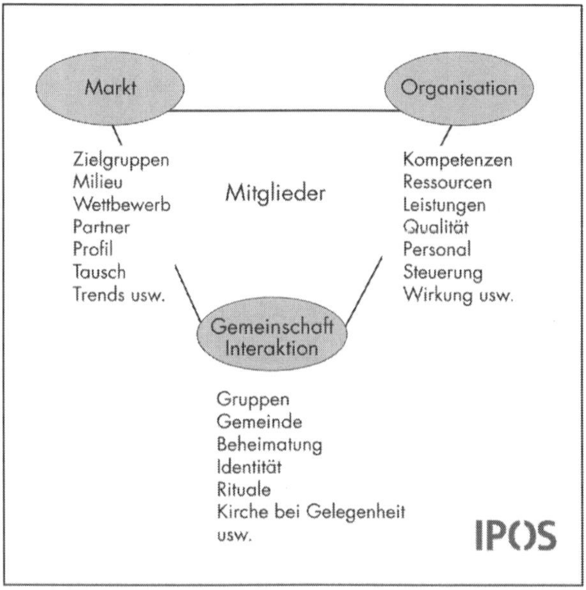

[4] Vgl zum folgenden: Baumfeld, Hummelbrunner, Lukesch: Instrumente systemischen Handelns. Eine Erkundungstour, Leonberg 2009, 194ff. Baumfeld folgt dabei einer Idee von H. Wiesenthal: Markt, Organisation und Gemeinschaft als „zweitbestes Verfahren sozialer Organisation“, in Jäger/Schimank (hg.): Organisationsgesellschaft, 2005, Verlag für Sozialwissenschaften.

Anhand dieses Bildes lassen sich Begriffe, die die Diskussionen z.B. eines Kirchenvorstandes prägen, bestimmten Perspektiven und damit Realitätsbeschreibungen zuordnen. Durch diese von den Beteiligten selbst vorgenommene Sortierung wird deutlich, dass auch und gerade eine Gemeinde vor Ort immer auf allen drei Feldern verteilt beschrieben werden kann (mit sicher unterschiedlichen Gewichtungen). Entlastend wirkt diese Beschreibung vor allem dann, wenn sichtbar wird, dass jede der drei Perspektiven ihre Stärke, aber auch ihren blinden Fleck innehat und diese drei Perspektiven gerade so einander ergänzen und bereichern.
Die **Gemeinschaft** ermöglicht Identität, Loyalität und Vertrauen. Ihr blinder Fleck ist oftmals, dass sie sich von der Außenwelt abschließt und ihre Dauer gefährdet ist (sind alle Jugendlichen der Jugendgruppe in Ausbildung zerfällt oftmals ihre Gemeinschaft).
Die **Organisation** setzt auf Kontinuität und Zuverlässigkeit. Ihr blinder Fleckt besteht darin, dass sie individuellen Wünschen oft nicht nachkommen kann („auf keinen Fall dürfen wir einen Präzedenzfall zulassen“).
Der **Markt** steht für Weiterentwicklung, für Innovation, nichts muss so bleiben wie es ist. Der blinde Fleck besteht in seiner Ungleichheit. Nicht jeder hat den gleichen Zugang zum Marktgeschehen.

Es ist spannend und erhellend, wenn ein Kirchenvorstand die eigene Gemeindewirklichkeit aus diesen drei Perspektiven heraus zu beschreiben beginnt. Viele eingespielte Argumentationsmuster werden dadurch vor ihrem eigentlichen Hintergrund deutlich: „Du redest von Kirche als Gemeinschaft, ich bin gerade bei der Kirche als Organisation“, oder: „Ich habe Angst um die Identität der Gemeinschaft, wenn wir uns zu stark weiterentwickeln und öffnen“. Die Koordinationsformen von Markt, Gemeinschaft und Organisation sind nicht nur in Gesprächen in Kirchengemeinden anzutreffen, sondern sie finden sich auf allen Ebenen und in allen Bereichen von Kirche. Umso wichtiger ist, sich ihrer bewusst zu werden und zu verstehen, dass alle drei Koordinationsformen jeweils vorhanden sind und sein dürfen“[5].

Die Landkarten anwenden – die andere Logik verstehen lernen

Für viele, die in der Kirche anfangen zu arbeiten, stellt es eine Art „Kulturschock“ dar. Da wird übereinander schlecht geredet, da wird hinter vorgehaltener Hand gemeckert und gelästert. Da staunt man über zugespitzte Bemerkungen wie „Die evangelische Form der Anerkennung gegenüber dem Anderen ist der Neid“. Bei Gesprächen zwischen den drei Körperschaften des öffentlichen Rechts (Kirchengemeinde, Dekanat, Gesamtkirche) hört man nicht selten (offen oder verdeckt) den Vorwurf, man habe wechselseitig wenig Ahnung, man fühle sich nicht wertgeschätzt, nicht wahrgenommen, nicht ernstgenommen, man vermisse einen Dialog auf Augenhöhe. Da kann man über den jeweils anderen aussagen, dass er entweder blauäugig oder nicht flexibel sei, dass man starr an Vorgaben klebe oder kein Verständnis von den Gesamtzusammenhängen habe, dass man nicht über den eigenen Kirchturm hinausschaue oder man die Kirchtürme draußen gar nicht wahrnehme, dass man alles gleichmache oder das Gemeinsame völlig auflöse, dass man zu sehr abgekapselt von der Welt sei oder ganz dem Zeitgeist erliege.
In Aussagen wie diesen sehe ich Denk- und Sprachmuster am Werk, die den drei Koordinationsformen wesensnotwendig zugrunde liegen. Man ist Kirche, aber man beschreibt sie doch sehr unterschiedlich. Man will Kirche weiter entwickeln, aber man ist geprägt von den eigenen Haltungen und die kann man bekanntlich nicht einfach aufgeben oder verändern.

---

[5] S. 140 – 142. Der Aufsatz ist erschienen, in: Kirche der Freiheit gestalten. Herausforderungen für Gemeindeberatung und kirchliche Organisationsentwicklung, hrsg von Jörg Rauber, Neukirchen 2013, S. 135 – 152.

Unter „Haltung“ verstehe ich zunächst all das, was mir bei der Erfüllung meiner Aufgabe Halt gibt. Das aber ist in der Kirche sehr unterschiedlich zu beschreiben. Ob als Gemeindepfarrer, als Dekanin, als Vorsitzende eines Kirchenvorstandes, als juristischer Oberkirchenrat, als Betriebswirtschaftlicher, das, was jeweils Halt gibt, also die eigenen Haltungen, das kann sehr weit voneinander abweichen.
Dabei kann man gerade in der Kirche eine eigentlich schöne Erfahrung machen: Viele Menschen sind mit hoher Motivation und großem Einsatz dabei. Der Schatten allerdings ist unübersehbar und wird sichtbar, wenn man folgende Fragen auf sich wirken lässt.

- Wie gehen die verschiedenen Berufsgruppen in der Kirche miteinander um? Pfarrerinnen und Pfarrer mit Kirchenmusikerinnen und Kirchenmusikern und mit Gemeindepädagoginnen und Gemeindepädagogen und mit Verwaltungsmitarbeitenden und Angestellten in diakonischen Einrichtungen…..
- Wie ist eigentlich das Verhältnis zwischen Haupt- und Ehrenamtlichen in der Kirche? Wie steht es da um wechsel-seitige Anerkennung und Wertschätzung, um das Gefühl, einander mit seinen jeweiligen Stärken zu bereichern? Wie sehr ist ehrenamtliche Leitung tatsächlich ein gewolltes und gewünschtes Wesensmerkmal der Evangelischen Kirche in Deutschland?
- Wie stark ist die Solidarität zwischen Starken und Schwachen innerhalb einer Landeskirche oder eines Dekanats als Kirche in der Region ausgeprägt? Woran kann man sie bemerken?
- Wie wird eigentlich in der Peripherie (gemeint sind die Kirchengemeinden und die Dekanate) über das Zentrum (gemeint ist die Kirchenleitung und die Kirchenverwaltung) und umgekehrt geredet?
- Wie sehr sind Sitzungen an welchem Ort und auf welcher Ebene auch immer von der Annahme geprägt, dass die anderen am Tisch „Recht“ haben könnten?

Die Koordinationsformen lehren, dass es bei diesen Verschiedenheiten aber nicht nur und noch nicht einmal zentral um einzelne Personen und deren Vorstellungen geht, sondern es geht um bestimmte Systemverständnisse und dahinterstehende Logiken, denen wir überall in der Kirche und ihrer Diakonie begegnen. Diese Einsicht – weg von der einzelnen Person hin zu der von ihr repräsentierten Denkfigur – macht es leichter, die offenkundige Verschiedenheit zu beschreiben und wahrzunehmen. Pointiert formuliert: Ein Pfarrer wird sich funktional sehr wahrscheinlich damit schwertun, als Vorsitzender des Kirchenvorstandes „knallharte“ Verhandlungen bezüglich angebotenen Handwerkerleistungen für die Renovierung des Gemeindehauses zu führen. Wenn er es denn doch tun kann, dann wird er durchaus mit Aussagen konfrontiert werden können wie: „dass Sie als Pfarrer so unnachgiebig sein können…..“.

Die Präsenz und die Anwendung der Koordinationslandkarte sollen zunächst also dazu dienen, die Verschiedenheit der Denksysteme zu verdeutlichen. Es entlastet, wenn man weiß wie eine Verwaltung denken und arbeiten muss, um aus ihrer Sicht erfolgreich die eigene Arbeit zu tun. Es entlastet, wenn man weiß und in einem tieferen Sinn auch begreift, dass es höchst selten zur Grundmotivation eines Pfarrers oder einer Pfarrerin gehört, die Bauangelegenheiten einer Gemeinde ordentlich und schnell zu regeln. Es entlastet, wenn man akzeptieren kann, dass eine kleine Gemeinde keinen Beschluss fassen kann, der aus ihrer Sicht den „eigenen Untergang“ besiegelt.

An dieser Stelle werden auch die Veränderungsschleife von Wimmer und die Exodus Erzählung wieder wichtig. Die Mose Schar litt unter der Unterdrückung, aber aufgebrochen sind sie aus ihrer verzweifelten Situation erst als sie eine Vision, einen neuen Horizont, eine Verheißung vor Augen hatten. Eine kleine Gemeinde wird sehr wohl auch über sie bedrückende oder schwierige Aspekte Auskunft geben können. Sie wird sagen können, dass sie darunter leidet, dass es keinen Chor mehr gibt oder im Winter die Heizung für die Kirche nicht mehr bezahlbar sei. Aber aufbrechen, ausbrechen wird sie deswegen aus

ihrer Situation noch nicht. Und auch wenn eine Leitung oder eine Verwaltung ihr mit Prognosen und also mit Zahlenkolonnen „zu Leibe rückt“, dann wird sie doch zunächst im tiefsten Inneren den Wunsch haben, das eigene Überleben als System sicherzustellen, um damit die eigene Identität zu wahren.
Um es nochmals anders auszudrücken: Das Reden übereinander, so merkwürdig es sich oft anhören mag, hat systemisch einen wichtigen Grund. Man vergewissert sich über das eigene System, indem man es im Unterschied zu seiner Umwelt beschreibt. Daran ist nichts Schlimmes. Einen Schritt weiter kommt man aber, wenn man genau um diese Prozesse weiß. Das erleichtert den Umgang und entlastet von falschen Zuschreibungen oder Erwartungen.
Wenn aber diese Landkarte vor allem dazu dient, vorhandene Gegebenheiten besprech- und verstehbar zu machen, wie bzw. wodurch kommt es dann zu Veränderungen, zu Veränderungsdynamiken? Wo bzw. wann komme ich also über das bloße, aber doch schon auch so wichtige Verstehen der anderen Systemlogiken hinaus und schaffe die Möglichkeit, gemeinsam neu aufzubrechen?

Der „Marktplatz“ als kreativer Impuls – das Einüben einer neuen Haltung

Der Begriff des „Marktplatzes“ hat im IPOS in den vergangenen Jahren eine wichtige Bedeutung erlangt. Besonders im Bereich der Arbeit mit den Diakoniestationen und dort vor allem bei den Tagungen mit den Pflegedienstleitungen hat er sich inhaltlich immer weiter zu einem wichtigen Instrument für die Ermöglichung von Veränderungen in einer Organisation etabliert. Die für diesen Bereich zuständige Studienleiterin, Jutta Rottwilm, beschrieb diesen „Marktplatz“ unter der Überschrift „Pflegedienstleitungstagungen – Wie man einen Marktplatz inszeniert“ u.a. wie folgt:

„Ging es – so dürfen Äußerungen der PDLen (Pflegedienstleitungen) interpretiert werden – „früher“ (bei Tagungen) stark um Wissensvermittlung (d.h. wo Wissen fehlt, muss das *Defizit* gedeckt werden), so musste die Neukonzeptionierung *ressourcen- und lösungsorientiert* vorgehen, wenn Entwicklungsräume für Person und Organisation eröffnet werden sollten. Jede der bis heute sechs vom IPOS moderierten Fortbildungstagungen wurde thematisch in Zusammen-arbeit von DWHN (damals noch „Diakonisches Werk in Hessen und Nassau“), PDLen, z.T. AGDS (Arbeitsgemeinschaft Diakonie-stationen) und IPOS (Institut für Personalberatung, Organisations-entwicklung und Supervision) vorbereitet, indem die anfallenden Herausforderungen und Trends aus den verschiedenen Perspektiven zusammen getragen wurden. Die Prozessberatung entwickelte dann in der Regel das Design der Veranstaltung und konstruierte den Verlauf als eine Mischung aus Fortbildungselementen mit kurzen Inputs (die je nach Fragestellung fachlicher Art sein konnten), Arbeit an Fallbeispielen, Trainingssequenzen mit Rollenspielen und Reflexions-räumen. Wesentliches Element jeder Tagung war und ist die Bereitstellung einer Börse, bei der im kollegialen Austausch best practice Beispiele, aber auch Themen und Anfragen der PDLen miteinander geteilt und getauscht werden. Der Verlauf der Tagungen richtet/e sich nach den Bedarfen des tatsächlichen Arbeitsprozesses“[6].

Deutlich wird an dieser Beschreibung, dass es bei diesem Marktplatzgedanken um das Installieren eines Entwicklungs- oder Ermöglichungsraumes geht, in dem ein Verschneiden verschiedener Perspektiven geschehen kann und soll. Nicht fertige Lösungen werden vermittelt, sondern sowohl aktuelle Fragestellungen und Herausforderungen aus verschiedenen Blickrichtungen benannt und an ihnen gearbeitet

[6] Steffen Bauer, Jutta Rottwilm: „Da hat sich jetzt bei uns alles verändert“. Das Projekt „Zukunftssicherung der Diakoniestationen“ aus der Sicht der Organisationsberatung, Eigendruck, Friedberg 2011, Seite 27

wie auch schon an einer Stelle erprobte Modelle vor- und zur offenen Diskussion gestellt.

In der oben schon genannten Reflexion auf das Projekt „Zukunftssicherung der Diakoniestationen“ aus Sicht der Organisationsberatung haben Jutta Rottwilm und ich u.a. folgende Hypothesen aufgestellt:

- „Es ist dieser ‚Marktplatz‘ selbst, auf dem die eigene Identität weiter entwickelt wird – es gibt keinen jenseitigen Ort, an dem das geschehen könnte. Wir behaupten, dass neben der Kombination aus extrinsischer und intrinsischer Motivation die „Marktplatzsituation“ generell den dritten entscheidenden Treiber für Veränderungsprozesse darstellt: Die an einem Prozess Beteiligten treffen sich dort, besprechen sich, tauschen sich aus, planen, verwerfen, verhandeln, prüfen, verabreden sich, erproben und treiben den Prozess so voran.

- Das Leitbild der diakonischen Balance als Ausdruck des diakonischen Profils ist jedenfalls aus solchen Marktplatzsituationen heraus unter der Beteiligung Vieler erwachsen und eingeübt worden und kann für sich in Anspruch nehmen, für alle Bereiche der verfassten Kirche ein weiterführendes Paradigma entwickelt zu haben. Wirtschaftlichkeit, (theologische, pädagogische, pflegerische, hauswirtschaftliche, seelsorgerliche ...) Fachlichkeit und Nächstenliebe sind in allen Lebensäußerungen der Kirche reflektiert auszubalancieren. *In allen drei Polen verwirklicht sich protestantisches Profil.*

- Dabei zeigt sich, dass in dem Modell der Koordinationsformen, die ja Kommunikationsformen – gleichsam Jargons – beinhalten, Hinweise für eine produktive Nutzung des Marktplatzes liegen. Die Herausforderung der Zukunft wird darin bestehen, kluge Formen der Steuerung zu finden, die Markt, Gemeinschaft und Organisation mit ihren Stärken für die anderen Logiken ins Spiel bringen. Alle Beteiligten mögen für sich je eine der Koordinationsformen bevorzugen – berührt sind sie aber von allen dreien und diese Berührung sollte den Beteiligten wenigstens auf den Markplätzen deutlich werden“[7].

Um die besondere Chance eines solchen Marktplatzes zu erkennen, muss man sich von der Vorstellung freimachen, dass es bei einem Markptlatzgeschehen primär um einzelne Personen gehen würde. Steffen Roth hat in seiner Dissertation „Marktsoziologie ist keine Wirtschaftssoziologie. These zur Begründung einer soziologischen Disziplin“ sehr schön folgendes in den Mittelpunkt gestellt: „Der Begriff Markt bezeichnet (den Anschluss der) Kommunikation zwischen Organisationen, ausdrücklich also Kommunikation zwischen sozialen Systemen, die sich so systematisch von der Kommunikation zwischen Personen bzw. psychischen Systemen unterscheiden lässt“[8]. Nach dem

[7] Ebenda, Seite 41f

[8] Steffen Roth: Marktsoziologie ist keine Wirtschaftssoziologie. These zur Begründung einer soziologischen Disziplin, Chemnitz, 2009, Seite 175. An anderer Stelle führt er aus: „Wenn wir also geneigt sind, die Kommunikation zwischen zwei zumindest primär ökonomisch orientierten Organisationen Markt zu nennen, warum dann nicht auch die politische Kommunikation zwischen eben diesen beiden Organisationen oder zwischen zwei (zumindest primär) politischen, wissenschaftlichen oder religiösen Organisationen? Da gezeigt werden konnte, dass es keinerlei logisch begründbare Wahlverwandtschaft zwischen Markt und Wirtschaft gibt, kann auf Grundlage des von der Arbeit entwickelten Marktbegriffes zweifellos festgestellt werden, dass es nichtökonomische Märkte gibt, und damit jedwede Art von Kommunikation

bisher hier dargestellten Wahrnehmungen stellt der „Marktplatz" also einen Raum und eine Zeit zur Verfügung, an dem unterschiedliche Systemeinheiten der Kirche, also Vertretungen der verschiedenen Körperschaften, Verwaltung, Leitung, Haupt- und Ehrenamtliche, die Logiken von Glaubensgemeinschaft, Organisation und Markt miteinander nach Lösungen und Antworten auf aktuelle und zukünftige Herausforderungen suchen bzw. erste Ansätze der Lösung und Beantwortung in die Marktplatzsituation geworfen werden, um sich offen darüber auszutauschen. Auf solch einem Marktplatz werden die Schritte 1 und 2 der Veränderungsschleife von Wimmer bearbeitet bzw. lebendig und genau solche Entwicklungs- und Ermöglichungsräume schaffen die Möglichkeit, dass die verschiedenen Logiken miteinander in Berührung kommen, die berechtigen und unterschiedlichen Perspektiven einander wahrnehmen und gemeinsam ins Arbeiten kommen. Natürlich müssen die Ergebnisse solcher Entwicklungs- und Ermöglichungsräume dann in die normale Arbeits- und Ablaufstruktur einer Organisation, der Kirche, eingearbeitet werden. Ausschüsse und Synoden, Kirchenleitungen und Kirchenverwaltungen werden darüber beraten und letztlich natürlich darüber zu befinden haben. Wichtig ist der neue Impuls, der neue Zündfunke, das Bild, das entstehen soll und kann. Wenn dann noch als grundsätzlicher Rahmen eingeräumt worden ist, dass es für Neues auch Erprobungszeiträume und –orte geben darf und soll, d.h. also nicht den sehr problematischen, weil ab- und ausschließenden Alternativen von „jetzt oder nie", „ganz oder gar nicht", „entweder – oder" gefolgt wird, dann ist das Feld bereitet. Meine Wahrnehmungen aus sieben Jahren Beratungstätigkeit beim IPOS kann ich auch so zusammenfassen: Neuerungen sind zumeist in solchen Marktplatzsituationen entstanden und nicht in Sitzungen an rechteckigen Verhandlungstischen. Ich habe erlebt, dass eine Vorgabe

---

auch zwischen den polyphonsten oder eben transökonomischsten Organisationen einen Fall von Marktkommunikation", Seite 176

von 3% an weiteren Einsparungen in solchen Verhandlungsrunden gut diskutiert und verabredet werden konnten, aber kreative und evolutionäre Ideen werden meiner Erfahrung nach dort kaum „geboren“. Umgekehrt wird im Zusammenwirken unterschiedlicher Perspektiven und Systemlogiken auf einem Marktplatz eben oft nicht der kleinste gemeinsame Nenner erhoben. Vielmehr kann es dort zu einem gemeinsam erhobenen Zustandsbericht über den Ist-Stand kommen und danach entsteht im Miteinander die zukunftsweisende Leitidee, der neue Horizont wird sichtbar. Voraussetzung dafür ist die Haltung, dass die andere Perspektive, die andere Logik gebraucht wird. Nicht die „eine Seite“ gibt die Lösung vor und versucht aufkommenden Widerspruch mit immer mehr Energieaufwand aufzulösen, klein zu reden, aus der Welt zu schaffen, Überzeugungsarbeit zu leisten. Die Haltung in einem Ermöglichungs-raum ist davon geprägt, dass es zwar (hoffentlich) erste Ideen gibt, diese aber „nur“ der Anregung dienen. Es ist die Bereitschaft spürbar, dass man gemeinsam etwas kreieren will, was einem zu Beginn der Veranstaltung noch gar nicht klar gewesen ist. Das verlangt ein neues Denken und – noch viel schwieriger – eine neue Haltung. Die anderen (Systeme) könnten die wegweisende Idee haben, also gut zuhören, aufmerksam mitmachen und sich selbst gut einbringen. Die gegenteilige Haltung könnte man überzeichnet so beschreiben: „Ich (in und mit meinem Systemdenken) habe doch schon die richtige Lösung. Entweder die anderen wissen noch nicht genug darüber, dann muss ich diese Wissenslücken schließen und dann werden alle zustimmen. Oder aber die anderen können oder wollen es nicht verstehen, dann muss ich genügend Verbündete finden, um für meine Lösung eine Mehrheit zu erlangen“.
Meines Erachtens ist die Zeit längst reif für den Marktplatz, diese neue Art von Entwicklung, denn der Komplexität der Herausforderungen werden wir nur mehr gerecht, wenn wir diese Komplexität bei der Erarbeitung einer Lösung aufnehmen und das heißt, viele Verschiedenheiten wie in einer Marktplatzsituation berücksichtigen.

Übrigens ist der Boden dafür auch deswegen gut bereitet, weil meiner Beobachtung nach viele und immer mehr Haupt- und Ehrenamtliche spüren, dass wir auch inhaltlich neue Vorstellungen von Kirche in Deutschland im Jahr 2025 brauchen. Es wird immer deutlicher, dass es der Kirche und den Menschen nicht gut täte, wenn zukünftig allein nach dem Motto verfahren werden würde: „Weiter so" mit etwas geringer werdenden Mitteln. Gleichzeitig erlebe ich aber auch eine große Vorsicht, fast Ängstlichkeit Zukunftsbilder zu entwerfen und von dort her dann unseren Weg bestimmen zu lassen. Genauso so sollte es aber doch sein: Weil wir um ein Ziel vor Augen wissen, machen wir uns als Kirche neu auf den Weg und können gegenwärtige Strukturen verändern. Dabei wird es viele kleine Schritte brauchen, aber wir sollten schon eine Ahnung von dem Ziel haben.
Im Folgenden möchte ich gerne ein Zukunftsbild als eine erste Idee entwerfen. Es bleibt bewusst fragmentarisch, es ist aus vielen Perspektiven heraus hinterfragbar. Und dennoch behaupte ich, greift es verschiedene „Lasten" auf und entwirft gleichzeitig einen Horizont, dem es sich zu nähern lohnen würde.

Ein Blick zurück aus der Zukunft – die kirchliche Struktur im Jahr 2025

Wir schreiben den 1. Advent 2025. Zu Beginn des neuen Kirchenjahres haben sich Menschen aus allen Teilen der Evangelischen Kirche in Deutschland und viele weitere Gäste aufgemacht, um an einer besonderen Feierstunde der Evangelischen Kirche in Hessen und Nassau teilzunehmen. Nach einem wunderschönen Gottesdienst, die die Ratsvorsitzende der EKD unter das Leitwort „Das Alte ist vergangen, Siehe, Neues ist geworden" gestellt hat, sind nun auf dem Podium ganz unterschiedliche Menschen versammelt, die alle gebeten wurden, aus ihrer Sicht auf die letzten Jahre mit ihren tiefgreifenden Veränderungen in der EKHN zurückzublicken.

Es beginnt Pfarrerin Freigeworden*: Liebe Festgäste, für mich begannen die Veränderungen vor genau 8 Jahren. Ich bekam Post aus Darmstadt von der Kirchenverwaltung. Na ja, das ist normalerweise kein Grund zur Freude und meine Begeisterung hielt sich in engen Grenzen als ich den Umschlag öffnete. Wieder einmal Fragen zum Aufstellen einer Statistik und dazu noch eine, die ich über einen längeren Zeitpunkt hin würde erarbeiten müssen. Meine Begeisterung war auf dem Nullpunkt und doch habe ich mich daran gemacht. Ok, ich gebe zu, mich hat das dann selber interessiert. Ich drücke das bestimmt nicht ganz richtig aus, aber im Kern ging es darum, über einige Wochen hin aufzuschreiben, was ich so alles tue bzw. um es genauer zu sagen, ob ich wirklich das tue, wozu ich auch über einige Jahre hin ausgebildet wurde. Ich hätte mir damals nicht träumen lassen, dass ich durch das Ausfüllen Teil einer großen Veränderung werden würde. Seit fünf Jahren jedenfalls arbeite ich anders, zum Teil sogar ganz anders. Mit Verwaltung, Personal-, Bau- und Finanzsachen habe ich jedenfalls kaum noch was zu tun. Dafür haben wir ja unseren Gemeindemanager und vor allem auch die Vertretung der Regionalgemeinde. Gottesdienst und Seelsorge, das, wozu ich ausgebildet wurde, das mache ich jetzt viel häufiger und intensiver als zuvor. Schulunterricht gebe ich keinen mehr, das ist mir schon immer schwer gefallen und auch den Konfirmandenunterricht mache ich schon seit 5 Jahren nicht mehr. Das hat ein Kollege im Regionalteam übernommen. Dafür bin ich in unserem Team für die Besuchsdienste zuständig, habe mich im Bereich der Seelsorge weiter qualifiziert und merke, dass ich da mit meinen Begabungen am richtigen Fleck bin.
Ich kann nur sagen, dass ich als Pfarrerin durch die Strukturveränderungen vielmehr Zeit für meine eigentliche Arbeit habe und das finde ich gut. Neben mir steht Dekanin Gutverteilt, die wird Ihnen sagen, wie das mit den Regionen in unserem Dekanat geworden ist“*

Dekanin Gutverteilt: *„Sie wissen ja, dass wir zum 1. Januar 2016 mit unserem Nachbardekanat zu einem neuen Dekanat fusioniert wurden.*

So richtig gewollt haben wir das ja damals nicht und als dann 2018 die neue Pfarrstellenbemessung anstand, da waren wir mit die ersten, die gesagt haben, dass es so wie bisher nicht weitergeht. Wir wussten ja damals, dass wir so ab 2018 so viele Pensionierungen haben würden, dass immer mehr Stellen vakant werden würden. Ich war jedenfalls sehr dafür, dass wir uns grundsätzlich neu darauf zu verständigen hätten, wer welche Aufgabe in der Kirche zu erfüllen habe. Die Pfarrerinnen und Pfarrer, aber auch die Kirchenvorstände haben seit der Einführung der Regionalgemeinde und der Gemeindemanager viel weniger mit „Verwaltung" zu tun. Wissen Sie, wir haben jetzt zwar zahlenmäßig weniger Pfarrerinnen und Pfarrer, aber weil vieles an Aufgabenstellungen für sie weggefallen ist, ist es von der Arbeitszeit, die sie für ihren eigentlichen Dienst jetzt aufwenden, sogar mehr geworden. Das gefällt mir. Seit 5 Jahren ist unser Dekanat nun in 7 Regionen aufgeteilt und alle Hauptamtlichen werden nicht mehr auf die bisherigen Kirchengemeinden „verteilt" und ihnen zugewiesen, sondern einer Region und einer dort neu gebildeten Organisationseinheit: der Regionalgemeinde. Dort arbeiten alle Hauptamtlichen als Teams zusammen: die Pfarrerinnen und Pfarrer, Kirchenmusikerinnen und Kirchenmusiker, Gemeinde-pädagoginnen und Gemeindepädagogen, die Gemeindemanagerinnen und Gemeindemanager, Sekretärinnen, Hausmeister-kräfte, einfach alle. Das ist ein völlig neues Arbeiten. Natürlich klappt da noch nicht alles, aber ich finde, dass wir auf einem guten Weg sind. Verzeihen Sie, dass ich noch einen anderen Gesichtspunkt erwähnen muss. Ich halte die Veränderungen auch deshalb für richtig, weil wir jetzt die Ehrenamtlichen nicht flächendeckend mit Aufgabenstellungen konfrontieren, die sie sich vor dem Amtsantritt z.B. im Kirchenvorstand nie hätten erträumen lassen. Wir waren doch drauf und dran, von über 1000 Kirchengemeinden zu verlangen, dass sie zu Profis in Sachen Baurecht, Arbeitsrecht, Steuerrecht werden sollten und doch war es nie genug. Wie sollten denn vor allem die vielen kleinen Kirchengemeinden diese ganzen Vorschriften kennen und beachten? Das hat bei uns im Dekanat für ganz viel Unmut gesorgt. Jetzt haben wir einen Kirchenvorstand, der vor allem für das geistliche und das gemeinschaftliche Leben vor Ort in der Kirchengemeinde zuständig ist. Und in der Regionalgemeinde sitzen die Gemeindemanager und ehrenamtliche Vertretungen von allen beteiligten Gemeinden und klären die wichtigen Organisationsfragen. Das ist ein ganz anderes Arbeiten, was ihnen sicher auch Herr Wirleben als Vorsitzender eines Kirchenvorstandes verdeutlichen kann".

Vorsitzender des Kirchenvorstandes Herr Wirleben: *„Wir leben, wir sind da und es geht uns gut. So knapp kann ich meinen Blick zurück zusammenfassen. Als ich im September 2015 mein Amt angetreten habe, da hatte ich am Anfang das Gefühl, dass die Kirchenleitung und die Kirchenverwaltung uns nicht wirklich mehr wollten. Wir seien zu klein, wir könnten nicht überleben, ach, was haben wir uns nicht alles anhören müssen. Dabei gehen von unseren 450 Gemeindemitgliedern prozentual viel mehr in die Kirche als anderswo. In unserem Dorf ist die Kirche das wichtigste Gebäude und das muss auch so bleiben. Und wir existieren als Kirchengemeinde immer noch, wir im Kirchenvorstand arbeiten ja auch ganz prima zusammen. Diese Regionalteams haben wir ja am Anfang gar nicht gewollt, aber als uns dann zugesagt wurde, dass wir unseren Pfarrer in dem Umfang wie bisher vor Ort behalten dürfen, haben wir der Erprobung zugestimmt. Und nicht nur er hat jetzt gar nicht mehr viel Verwaltungsarbeit, auch für uns wurde vieles anders. Wir selbst sind zwar ja nach wie vor eine Kirchengemeinde, aber seit 5 Jahren keine Körperschaft des öffentlichen Rechts mehr. Das ist ja jetzt die Regionalgemeinde und zwei Mitglieder unseres Kirchenvorstandes vertreten uns dort. Seither sieht die Tagesordnung unserer Sitzungen anders aus. Wir haben endlich Zeit, uns um die wirklich wichtigen Fragen zu kümmern und das macht richtig Spaß. Bei der letzten Wahl haben wir dann auch davon profitiert, dass man sich bei den allgemeinen Wahlen nur noch auf drei Jahre verpflichten muss und nach drei Jahren eine Gemeindever-*

sammlung freigewordene Plätze durch Zuwahl wieder besetzt oder die weiter amtierenden Mitglieder bestätigt. Und unter uns gesagt: wir haben bei der letzten Wahl dann auch Jugenddelegierte mitgewählt und seitdem haben wir z.B. auch in und für unsere Gottesdienste eine Menge gelernt. Gerne würde ich darüber mehr erzählen, aber hier geht es ja eher um die neuen Strukturen und nicht um die Inhalte. Ich jedenfalls bin froh, dass wir uns vor Ort seitdem mehr um die Inhalte kümmern können und das hat mit unserer Gemeindemanagerin Frau Struktuorga zu tun, die Sie jetzt hören werden.

Gemeindemanagerin Frau Struktuorga: *Liebe Festgäste, ich sage es zu Beginn gleich ganz offen. Bei meiner Arbeit stört mich am meisten meine Bezeichnung: Gemeindemanagerin. Von meiner Funktion her bin ich so eine Art Geschäftsführerin, aber diesen Begriff wollte man in der EKHN für die Kirchengemeinden nicht einführen, obwohl es unsere Tätigkeit am besten umschreibt. Im Moment läuft gerade ein Wettbewerb zur Namensfindung, also vielleicht ist hier ein kreatives Köpfchen und es fällt Ihnen etwas richtig Gutes ein. Was tut eine Gemeindemanagern? Zunächst: ich bin zuständig für mehrere Gemeinden. Sie haben schon gehört, dass die EKHN den Dienst der Pfarrerin und Pfarrer auf Kernkompetenzfelder eingegrenzt hat. Dadurch sind rund 25% mehr an Dienstzeiten vor allem für Verkündigung und Seelsorge entstanden. Der absolute Rückgang der Zahl der Pfarrerinnen und Pfarrer durch die Pensionierungswelle wirkt sich so vor Ort kaum aus. Und da der absolute Rückgang an Pfarrerinnen und Pfarrer größer war und ist als der Rückgang an Steuermitteln, hat man mein Amt einführen können. Ich bin in den Sitzungen der Regionalgemeinde dabei und bei jeder zweiten Kirchenvorstandssitzung in der Kirchengemeinde. Ich führe Beschlüsse aus, ich prüfe entweder selbst die Rechtmäßigkeit dessen, was wir tun oder schalte jemanden ein, der das machen kann. Ich organisiere und strukturiere einfach alle Geschäfte, die so anfallen. Die Sekretariate haben wir ja seit 5 Jahren alle regional gebündelt, in manchen Regionen gibt es noch verschie-*

dene Verortungen, aber in vielen Regionen haben wir alle Deputate an einen Ort mit einem dann größeren Stellenanteil gebündelt. Dafür finden wir einfach schneller Leute, die auch noch besser qualifiziert sind. Konkret läuft die Arbeit so, dass jeder Kirchenvorstand in jeder zweiten Sitzung seine Arbeit, seine Ziele, seine „Wünsche" mit mir bespricht, wir rechtliche, personelle, bauliche und finanzielle Möglichkeiten besprechen und prüfen. Entweder wird ein Vorhaben dann direkt umgesetzt, weil es im Rahmen des genehmigten Haushalts liegt oder aber wir speisen das Thema in die Gremien der Regionalgemeinde ein. Der Vorteil der Regionalgemeinde ist, dass dort nur noch zwei Ehrenamtliche pro Gemeinde entsandt werden müssen und die eher zu finden sind als sechs, acht oder zehn Personen. Und es gibt genügend Ehrenamtliche, die auch deswegen Spaß an der Aufgabe dort haben, weil sie mit ihren Kenntnissen nicht nur gebraucht werden, sondern auch eine Menge verantworten und beschließen dürfen. Das sind keine Alibiveranstaltungen. Aber das kann Ihnen vor allem auch Herr Regionalbauer sagen, der der Regionalgemeinde vorsteht.

Herr Regionalbauer, Vorsitzender der Regionalgemeinde: *Verehrte Anwesende, mit unserer Neuordnung haben wir zunächst das Kunststück fertiggebracht, dass wir die Kirchengemeinden in ihren Orten gelassen haben. Da ist nichts abgeschafft worden, da musste gar nichts aufgegeben werden. Und dann haben wir der immer stärker werdenden Notwendigkeit einer Qualifizierung insofern Rechnung getragen als wir die Regionalgemeinden als Körperschaften des öffentlichen Rechtes installiert haben und in der EKHN es jetzt rund 300 davon gibt. Dafür, Sie haben es schon gehört, sind die Kirchengemeinden nicht mehr in diesem Rechtsstatus, aber nach wie vor mit vielen Rechten ausgestattet. Ich komme aus der Industrie, war dort lange Zeit für die Finanzen eines großen Unternehmens zuständig und kann dieses Wissen nun noch gut einbringen. Einmal im Monat nehme ich an der Sitzung des Regionalteams teil. Dort höre ich von deren Arbeit, von deren Ideen, nehme Entwicklungen wahr. Die Regional-*

gemeinde wird ganz stark von den Gemeindemanagerinnen und Gemeindemanagern begleitet und informiert. Das sichert uns unterschiedliche Perspektiven auf ein und dieselbe Sache. Da ist also das Regionalteam der Hauptamtlichen, da sind die Gemeindemanagerinnen und Gemeindemanager, die sich ganz stark als Sprachrohr der Kirchengemeinden sehen und da sind die jeweils 2 Kirchenvorsteherinnen und Kirchenvorsteher aus jeder Kirchengemeinde. Natürlich ist das nicht einfach zu steuern. Aber man muss einfach sehen, dass die Hauptaufgabe darin besteht, möglichst viel inhaltliche Arbeit vor Ort in den Kirchengemeinden zu belassen und gleichzeitig ein Maximum an Verwaltungsarbeit sowohl von den Kirchengemeinden als auch vom Regionalteam fernzuhalten. Wenn man sich dieser Prämisse immer wieder neu vergewissert, dann kann man wirklich sagen, dass es besser als vorher gelingt, die Kirche als Glaubensgemeinschaft und ihre Organisation aufeinander zu beziehen. Hoffentlich kann das die Teamvorsitzende auch bestätigen, Frau Teamgeist, darf ich an Sie übergeben?

Frau Teamgeist, Vorsitzender des Regionalteams: *Liebe Gäste aus nah und fern, Sie haben vorhin schon gehört, dass unser Regionalteam aus verschiedenen Professionen besteht. Wir tagen zusammen, aber wir kennen auch Sitzungen, in denen nur eine Profession miteinander tagt und spezifische Aufgaben bespricht. Ich will drei Besonderheiten herausstellen. Erstens: Ich bin für ein Jahr Leiterin der Gruppe und dann wechselt das turnusgemäß. Ich selbst bin übrigens Kantorin und daran merken Sie, dass der Wechsel auch professionsübergreifend erfolgt. Es muss aber nicht jeder oder jede wollen, sondern eben wer sich die Leitung zutraut und dies auch von den anderen bestätigt bekommt. Daran merken Sie, und das ist mein zweiter Punkt: Wir üben eine neue Form der Kooperation ein. Wir verstehen uns als Lerngruppe, wir geben einander Feedback. Die Pfarrpersonen z.B. lesen regelmäßig schon gehaltene Predigten und tauschen sich darüber aus. Das hat es früher dort offenbar nicht gegeben. Wir versu-*

chen, eigene Begabungen zu stärken und Schwächen durch andere aufzufangen, d.h. nicht jeder muss alles tun. Mir liegt Popularmusik nicht so am Herzen und ich bin froh, dass ich vor allem für die Aufführung der alten Meister zuständig sein darf. Gleichzeitig aber weiß ich, dass wir Popularmusik in der Kirche heute brauchen. Deshalb unterstütze ich auch die Arbeit meines Kollegen. Der dritte Punkt ist die Anbindung an die Gemeinden. Es ist gut und wichtig, dass wir möglichst viel auch am selben Ort sind. Es braucht das direkte Beziehungsgeflecht vor Ort und ich betone, dass dies vor allem für die Arbeit der Pfarrerinnen und Pfarrer wichtig ist. Darauf liegt ein Hauptaugenmerk. Gleichzeitig war dies auch der größte Kritikpunkt gegenüber den Regionalteams im Vorfeld: Wir würden uns doch aus der Gemeindearbeit dadurch verabschieden. Umso mehr achten wir auf das Gegenteil. Und noch eine letzte Bemerkung dazu: Auch die Pfarrerinnen und Pfarrer, die in der Kirchenleitung, Kirchenverwaltung, in Zentren oder auf der Ebene des Dekanats arbeiten, gehören in ein Regionalteam und übernehmen dort zumindest einen kleinen Teilauftrag. Dieses Verschneiden von Perspektiven tut uns gut, das bereichert uns wechselseitig.

Zum Schluss will ich sagen, dass manches nach wie vor in der Erprobung ist, vieles ist in anderen Regionen der EKHN anders geregelt. Das macht es der Verwaltung nicht einfach, aber die Gewissheit ist da, dass wir uns auf einem guten Weg befinden. Herzlichen Dank".

Die Zukunftsidee auf einen Blick

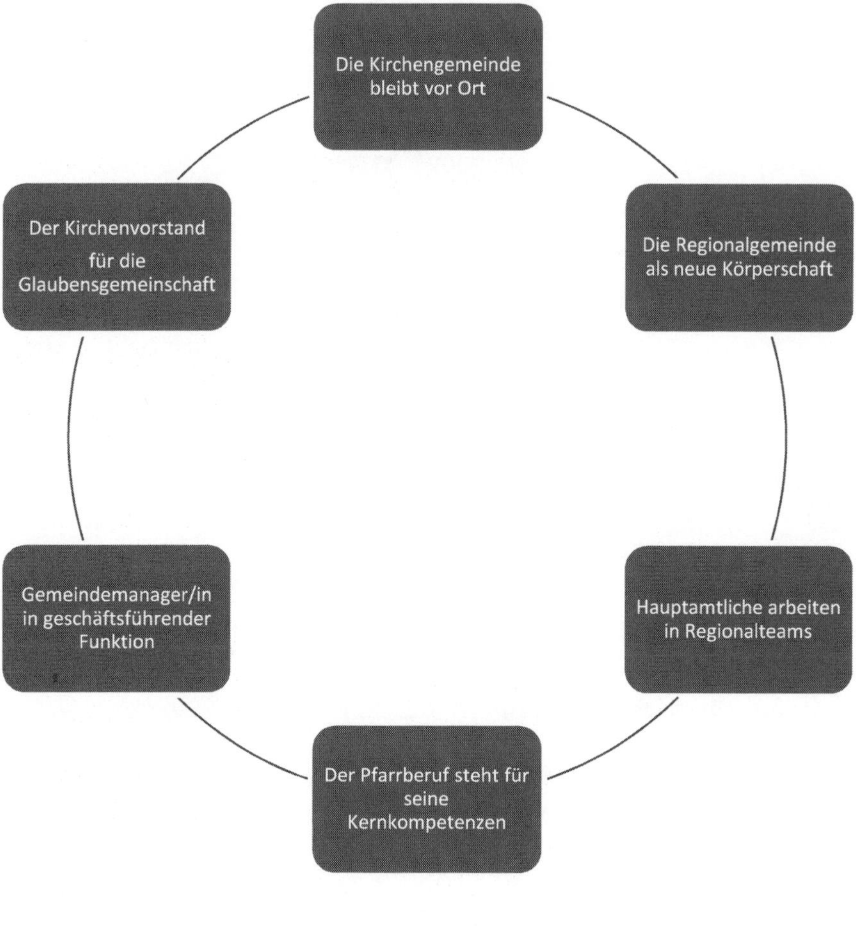

Dokumentationen und Vorträge:

IPOS Institut für Personalberatung
Organisationsentwicklung
und Supervision in der EKHN

Beratung Dekanat Ludwigshafen
August 2009 – März 2013[9]

Eine Reflexion[10]

1.) **Wahrnehmungen**

2.) **Erfolgsfaktoren**

3.) **Bleibende Herausforderungen**

4.) **Schrittfolge des Prozesses in Ludwigshafen**

5.) **Ein wichtiges Lernfeld: der Norden Ludwigshafens**

---

[9] Der Kirchenbezirk hat der Veröffentlichung zugestimmt, herzlichen Dank dafür.

[10] Vergleiche auch meine Ausführungen: Organisationsberatung im Kirchenbezirk mit achtzehn Gemeinden, in: Joana Krizanits: Professionsfeld Inhouse Consulting. Praxis und Theorie der internen Organisationsberatung, Heidelberg 2011, Seite 168 - 174

Vorbemerkung: Wenn hier die Ereignisse der Veränderungen des Kirchenbezirks in Ludwigshafen mit der Abfolge des vom IPOS auf geplanten und beratenen Prozesses in Verbindung gebracht werden, dann geschieht dies im Wissen, dass das Eine mit dem Anderen nicht unbedingt kausal in einem Zusammenhang steht. Ob und wenn ja welche Veränderungen in welcher Art vom IPOS Prozess angestoßen, beeinflusst, herbeigeführt oder welche auch be- oder gar verhindert worden sind oder welche auch gänzlich unabhängig vom IPOS-Beratungsprozess stattgefunden haben, wird sich nie klären lassen und von Beteiligten immer auch unterschiedlich gesehen werden.

Dr. Steffen Bauer, IPOS im März 2013

1.) Wahrnehmungen

1.1. Zwei Aspekte müssen zusammengekommen, dann ......

Die Dramaturgie eines einschneidenden Veränderungsprozesses

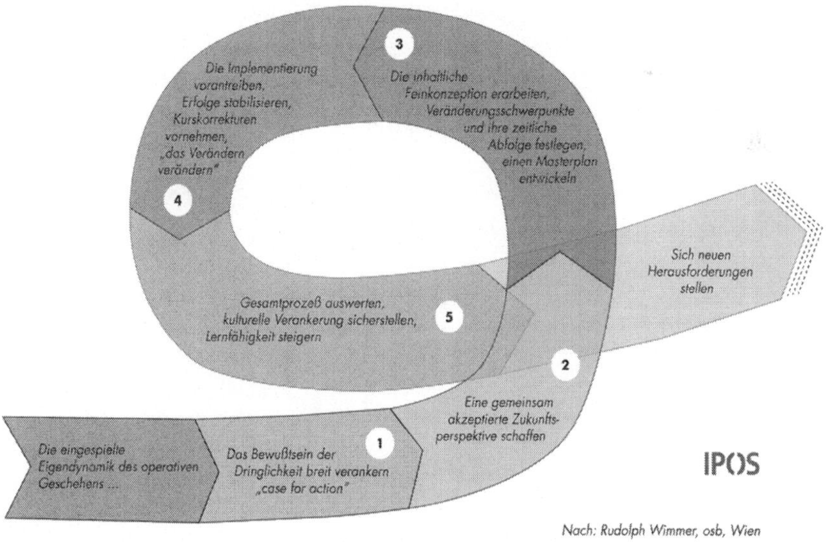

Nach: Rudolph Wimmer, osb, Wien

An dem Prozess in Ludwigshafen kann man sehr schön ablesen, dass der „case for action“ und „die Zukunftsperspektive“, also die Punkte 1 und 2 in der Veränderungsschleife, erst zusammen genommen eine starke Dynamik entfalten. In Ludwigshafen wie in der gesamten Pfälzer Landeskirche gibt es seit Jahren eine hohe Dringlichkeit an Veränderungen, weil die finanziellen und personellen Ressourcen deutlich zurückgehen, offenbar stärker als in anderen westdeutschen Landeskirchen. Diese Dringlichkeit ist durch die Leitung in Ludwigshafen wiederholt und klar in den Prozess eingespielt worden. Dennoch ist der case for action bis heute nicht überall und nicht im gleichen Maße akzeptiert. Er gibt auch heute noch in Teilen andere Perspektiven und Wahrnehmungen, was die Bereitschaft zur Veränderung sofort beschränkt.

Selbst bei denen, bei denen schon zu Beginn eine hohe Einsicht in den case for action festzustellen war, kam es zu einem Aufbruch als auf einer Pfarrkonferenz im Sommer 2011 zudem ein Zukunftsbild „geboren“ wurde. Es war sehr schön zu sehen, wie die Teilnehmenden an dieser Pfarrkonferenz danach bei Veranstaltungen andere Personen (gerade auch Ehrenamtliche) anstecken und für dieses Bild gewinnen konnten. Erst als die neue Regionenzuordnung und die Differenzierung in Schwerpunkte und Profile kirchlicher Arbeit als Idee in die Lebenswelt der Kirche in Ludwigshafen gekommen waren, gab es die Zugkraft für das Ziel der Veränderungen.

1.2. Gestaltungs- und Planungsraum, die Freiräume und der Rahmen wurden klar

Der Prozess in Ludwigshafen war dadurch gekennzeichnet, dass Dekanat vor Ort und Kirchenleitung in Speyer den Rahmen, also die Vorgaben des Planungsraums, von Anfang an sehr deutlich benannten. Von Seiten der Leitung wurden die „notwendigen" Einsparungen klar kommuniziert: der Rückgang der Gemeindeglieder, der Pfarrstellen, der Finanzen. Alle Prognosen wurden gleich zu Beginn des Prozesses eingespielt und z.B. bei einer Befragung der Kirchenleitung vor Ort vom zuständigen Oberkirchenrat bestätigt und gehalten. Die

Klarheit dieses Rahmens ermöglichte Trauer, Wut, Enttäuschung, aber auch in unterschiedlicher Geschwindigkeit ein Einschwingen auf diesen Rahmen. Relativ schnell war für die meisten Beteiligten der Prozess nur vor dem Hintergrund dieser Zahlen realitätsnah. Gleichzeitig wurde mit der Zeit immer deutlicher, welch einen Gestaltungs (frei)raum das Dekanat vor Ort hatte und den Beteiligten auch gab. So wurde z.B. den hauptamtlich übergemeindlich Tätigen sehr schnell bewusst, dass sie neu und verstärkt die Möglichkeit hatten, sich an der zukünftigen Gestaltung der Strukturen evangelischer Kirche in Ludwigshafen einzubringen. Überhaupt wurden die Aspekte des Gestaltungsraumes der Grafik abgeschritten, erprobt, eingespielt, um die Akteure vor Ort zu stärken und sie in guten (nicht immer einfachen) Kontakt untereinander zu bringen.

1.3. Leidenschaft gehört unbedingt dazu

Aus den ersten beiden Wahrnehmungen ergibt sich das Vorhandensein der extrinsischen („wir müssen uns verändern, weil das äußere Einflüsse nahelegen“) und der intrinsischen („wir wollen uns verändern, weil wir damit gute Ideen für die Zukunft unserer Kirche umsetzen können“) Motivation. Die Gestaltung und die Abfolge des Prozesses haben immer wieder zu berücksichtigen versucht, dass es zu Foren und Marktplätzen, also zum Kontakt und zum Austausch möglichst vieler Beteiligter kommen konnte. Bewusst wurde bei den sogenannten Meilensteintreffen immer wieder Wert darauf gelegt, dass nicht nur Amtspersonen (z.B. Synodale), sondern alle am Prozess Interessierte dazukommen konnten.

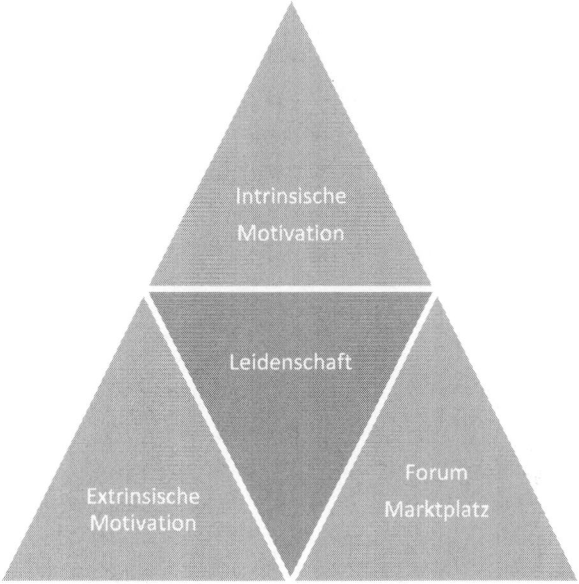

Schon sehr früh war deutlich, dass es in Ludwigshafen eine Gruppe von besonders leidenschaftlich an Veränderungen interessierten Personen gab. Diese trieben den Prozess stark voran und waren maßgeblich an der Einspeisung neue Ideen beteiligt. Kennzeichnend für diese Gruppe (und bezeichnend für das Wort „leidenschaftlich") war ihre Ungeduld und ihr z.T. schnelles Vorangehen. Für den Gesamtprozess war diese Gruppe wesentlich. Allerdings war es genauso wichtig, anderen die Möglichkeit zu geben, durch Schleifen, Verlangsamen, neu Überlegen, Anhalten sich ebenfalls zu beteiligen und einzubringen. Dabei ging es nicht nur um die Aussage, dass Veränderungen Zeit brauchen. Mindestens genauso wichtig war die Aussage, dass nach dem Konstruieren eines neuen Bildes die konkreten Veränderungen in Etappen, „häppchenweise" erfolgen oder gar nicht, weil ansonsten die Ablehnung (auch des Bildes) zu groß werden würde. Es erwies sich als wichtig, auch und gerade mit den „Leidenschaftlichen" an Aussagen zu arbeiten wie „jetzt oder nie", „entweder - oder". Für die Einen war es nicht leicht, sich auf den Weg der Veränderungen zu begeben, für Andere bestand die Schwierigkeit darin, nicht alles auf einmal bzw. zu viel zu schnell zu wollen bzw. zu fordern. Das Aushandeln von „dritten" Wegen, Verhandlungen auch über mögliche Zeitschienen waren dann auch Hauptinhalte des Geschehens auf den Meilensteintreffen, den Foren bzw. Markplätzen.

1.4. Leitung geschieht unterschiedlich

Im IPOS unterscheiden wir drei Logiken des Leitens. Alle drei sind auch in Ludwigshafen deutlich geworden. Nach den bisherigen Darstellungen ist klar, dass die Logik der Orientierung sowohl im Planungs- wie auch im Gestaltungsraum jeweils vorbildlich deutlich wurde. Dabei stand bezüglich des Planungsraums im Führungskontext das Vollziehen der (von der Landessynode) getroffenen Spar-Entscheidungen nie zur Disposition.
Im Gestaltungsraum war sehr schön die Logik des Steuerns auch mit deren Begrenzungen einsehbar. Auf den Meilensteintreffen, den Markplätzen und Foren wurde diskutiert und ausgehandelt, Ideen wurden eingespielt und verworfen und erst wenn sich eine große Zahl von Überzeugten zu einer Idee verhielt, wurde sie in die Linie und damit in die Entscheidungsgremien eingespielt. Die Grenze der Logik des Steuerns wurde durch die Gruppe der „Leidenschaftlichen" deutlich. Ihr Wunsch nach einem schnelleren und umfassenderen Veränderungsprozess wurde begrenzt durch die Unmöglichkeit, wesentlich in die Souveränität von Kirchengemeinden einzugreifen. Was also nicht mit deren Zustimmung verabschiedet werden konnte, konnte auch nicht realisiert werden. Hier immer in der Netzwerklogik
des Aushandelns als einziger Form der Steuerung zu bleiben, erwies sich mitunter als harte Geduldsprobe für Beteiligte, sicherte aber ab, dass Veränderungen letztlich jeweils mit großen Mehrheiten beschlossen wurden.

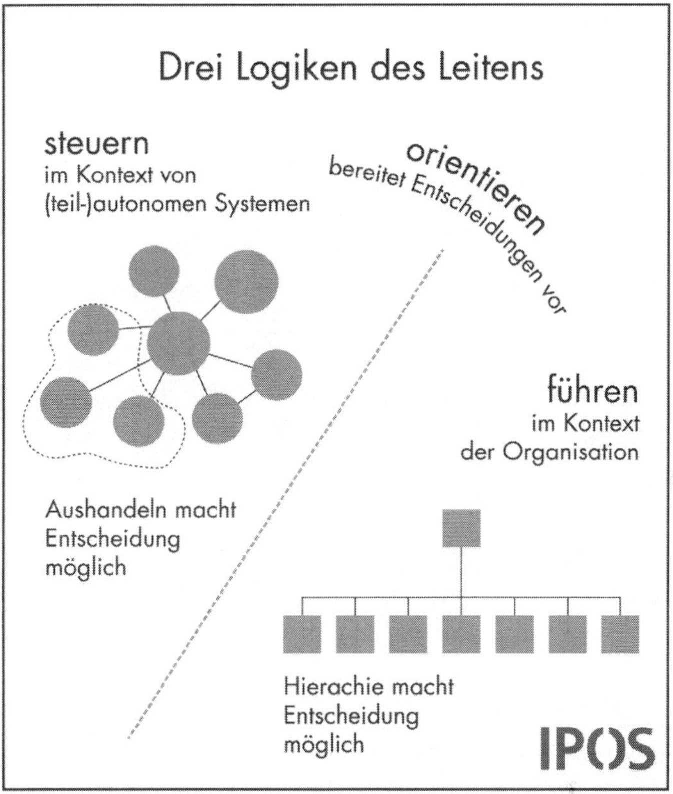

2. Erfolgsfaktoren

2.1. Die Organisationskultur

Als wesentliches Merkmal kann man für die Evangelische Kirche in Ludwigshafen deren Kultur im Umgang miteinander ausgeben. Auf der Synode, im Pfarrkonvent, im Bezirkskirchenrat, auf den Meilensteintreffen, in vielen im Laufe des Prozesses wahrgenommenen Presbyterien herrscht eine offene Gesprächskultur. Diese ermöglicht, dass unterschiedliche Vorstellungen gut ausgesprochen werden können. Zu dieser Kultur gehört es auch, sich nicht an Positionierungen zu klammern, sondern beweglich zu bleiben bzw. zu werden.

2.2. Die Leitung

Der Bezirkskirchenrat in seiner haupt- und ehrenamtlichen Besetzung hat sich durchgängig als für die Steuerung des Gesamtprozesses verantwortlich gefühlt und sowohl an eigenen Initiativen und Positionierungen immer wieder neu gearbeitet, als auch Ideen und Konzepte aus dem „Feld“ wahr- und aufgenommen. Beides sind ganz große Stärken. Im Laufe des Prozesses wechselte die Person des Dekans. Dekan Dr. Gärtner wurde im Frühjahr 2012 Oberkirchenrat in Speyer. Die mögliche Berufung bzw. Wahl war seit Sommer 2011 in Ludwigshafen bekannt. Das Procedere der Neuwahl bestimmte die ersten Monate des Jahres 2012 und die Übergabe erfolgte nahtlos. Es gehört zu den Erfolgsfaktoren, dass Dekan Dr. Gärtner in kluger, mitunter deutlicher, mitunter zurückgenommener Leitung unter (bewusster oder unbewusster) Anwendung ihrer drei Logiken den Prozess federführend vorantrieb. Genauso gehört es aber zu den Erfolgsfaktoren, dass Dekanin Kohlstruck mit eigener Linienführung den Prozess aufgriff, beförderte und ihrerseits federführend so vorantrieb. Jenseits dieser Leitungspersonen blieb der Bezirkskirchenrat während der gesamten Prozessdauer in seiner Verantwortung und gerade in der Zeit seit Bekanntwerden des möglichen (und dann auch realen) Weggangs des Dekans übernahmen viele Personen im Dekanat Leitungs- und Steuerungsverantwortung. Der Veränderungsprozess war längst die Sache von vielen Personen geworden.

2.3. Verschiedene Perspektiven und keine setzt sich absolut

Es gab und gibt in Ludwigshafen unterschiedliche Interessen. Das muss so sein, das darf so sein. Für den Prozess war wichtig, dass der Gesprächsfaden zwischen unterschiedlichen Interessen nicht nur nie abriss, sondern neue Verknüpfungen und neue Verknüpfungsmöglichkeiten deutlich und genutzt wurden. Zu dieser Überschrift passen auch die Ermöglichung und die Förderung völlig unterschiedlicher Wege. Während in der Gartenstadt ein Fusionsprozess der dortigen ehemals drei Gemeinden relativ schnell und zügig umgesetzt wurde (und zwar ohne jegliche externe Beratung!), konnten und können andere Gemeinden andere Kooperationswege nutzen bzw. begehbar machen. Aus Sicht der Beratung ist dies folgerichtig. Es gibt eben nicht den einen „richtigen" Weg, sondern viele unterschiedliche Möglichkeiten auf externe und interne Veränderungen zu reagieren.

3. Bleibende Herausforderungen

3.1. Die Frage der Gebäude

Ein wesentliches Ziel des Prozesses war, zu Entscheidungen über die Zahl und den Standort der künftigen Gebäudestruktur in Ludwigshafen zu kommen. Zu diesem Punkt gibt es noch wesentlichen Klärungsbedarf. Sicherlich hängt diese Tatsache mit der Struktur der Evangelischen Kirche in Ludwigshafen zusammen. Die rechtlich selbständigen Kirchengemeinden müssen letztlich in ihren Entscheidungsorganen (Presbyterien) diese Frage vorantreiben. Dies geschieht offenbar in sehr unterschiedlicher Intensität bis hin zu der Möglichkeit, sich dieser Frage und ihrer möglicherweise unangenehmen Beantwortung gar nicht zu stellen. Hier ist zu erwarten, dass der in der Pfalz weiter stark ansteigende Finanzdruck diese Aufgabenstellung bald noch mehr in den Vordergrund stellen wird. Die deutlich gestiegene Kooperation zwischen den Gemeinden selbst, aber auch die Kooperation mit den übergemeindlichen Ressourcen wird dann helfen, auch dafür neue Leitideen hervorzubringen.

3.2. Das Umlernen in den Gemeinden

In Ludwigshafen haben in den vergangenen Jahren mehrere Kirchengemeinden aufgrund der landeskirchlichen Sparauflagen Pfarrstellen verloren. Die Umsetzung der wesentlichen Kürzungen als Teil und Aufgabe des Prozesses sind damit formal vollzogen. Es bleibt allerdings die Aufgabe, die Folgen dieser Einschnitte, dieses Abbaus an hauptamtlichem Personal auch inhaltlich mit allen Folgen für die Gemeindearbeit vor Ort zu bedenken und anzugehen. Es ist (wie überall) schwierig, bestehende Muster zu durchbrechen und Anforderungen und Erwartungen neu zu beschreiben und umzusetzen. Hier ist von den Verantwortlichen in den Gemeinden vor Ort, aber auch von der Leitung auf Dekanats- und landeskirchlicher Ebene viel Aufmerksamkeit und Unterstützung gefordert.

4. Schrittfolge des Prozesses in Ludwigshafen

Phase 0:

September 2009 – Dezember 2009: Gespräche in den Kooperationsregionen unter Moderation des IPOS.

Auftakt: 12.9.2009 – Auf der Bezirkssynode wird den Synodalen die prognostizierte Entwicklung der Evangelischen Kirche in LU auf den Feldern Abnahme Gemeindeglieder, Pfarrstellen, Diakone, Kitas, Kirchen, Gemeindehäuser, Kirchensteuer für 2008, 2014, 2020 von Dekan Dr. Gärtner vorgestellt.
Dann wird über das Ziel des Beratungsprozesses über die Dauer von zwei Jahren in der Synode zweierlei verabredet:

1.) Wir möchten in 2 Jahren wissen, was in 10 und 15 Jahren ist, also eine Konkretisierung über das Wo und Was des Umbaus/Abbaus.
2.) Dabei darf es kein Aussitzen und kein Anordnen geben, sondern ein gemeinschaftliches Überlegen und Entscheiden.

Nach der Synode werden vom IPOS in allen Regionen Treffen moderiert bei denen es um die Frage geht, was diese Kürzungen, die Abnahmen für die Gemeinden, die Regionen und das Dekanat insgesamt bedeuten.

Das IPOS legt dem BKR daraufhin folgende Auswertung der Gespräche in den Regionen und einen Fahrplan vor, was in den kommenden beiden Jahren auf welche Weise erarbeitet werden soll:

Schrittfolge in Ludwigshafen:

Vorbemerkungen:

<u>Die Besuche in den Koops haben gezeigt:</u>

- Der Prozess darf nicht einfach nur „sparen, verwalten, kürzen“, sondern er möge auch inhaltlich „klären, auf den Weg bringen, verändern“. Es geht um Inhalte und Aufgaben und es geht um Haushalt, Personal und Gebäude.
- Diese 2 Ebenen sollen beide zu ihrem Recht kommen.
- Diese 2 Ebenen werden zunächst getrennt zu sehen sein, um dann immer wieder und immer wieder neu aufeinander bezogen zu werden.

Die inhaltliche Ebene:

- Hier geht es zunächst ganz stark um ein Wahrnehmen voneinander.
- Dann sollen die Gemeinden, die Koops und der Bezirk ermuntert werden, sich eigene Schwerpunktsetzungen zu geben, bzw. an schon eingeschlagenen weiter zu arbeiten.
- Diese müssen dann miteinander und aufeinander abgestimmt werden.
- Hier auf dieser Ebene geht es um das gemeinsame Erarbeiten und hier vor allem ist das kreative Moment des Prozesses angesiedelt.
- Wichtig ist, dass der Bezirk dazu dann in ritualisierter Form Beauftragungen ausspricht.

Die Ebene von Haushalt, Personal, Finanzen

- Die Gemeinden wissen in der Regel gut über ihre Gebäude, ihr Personal, ihre Finanzen Bescheid. Dies gilt in jedem Fall für einen Zeitraum von ca. 5 Jahren. Für die Zeit danach werden die Aussagen schwammiger. Genau über diesen Zeitraum (bis zu 10 Jahr ab 2010) muss es aber Klarheit geben.
- Manche Gemeinden werden von Einsparungen kaum oder gar nicht betroffen sein, andere dagegen können nicht weiter machen wie bisher.
- Im Moment gibt es keine sichtbare Bereitschaft, sich z.B. auf die Aufgabe von Gebäuden einzustellen.
- Es gibt eine Menge an Widerstand und Schuldzuweisungen nach außen und nach oben.
- An manchen Orten gibt es aber auch Aufbruch, der von der Sorge um den Erhalt der Gebäude gespeist wird.
- Hier für Klarheit durch zu gewinnende Fakten zu sorgen ist das eine.
- „Starke Gemeinden" müssen sich überlegen, ob und wie sie anderen in Zukunft beispringen.
- Dies ist sicher abhängig von Inhalten. Spätestens hier fließen die verschiedenen Aspekte auch zusammen

Folgende Abfolge wird vorgeschlagen

1. Halbjahr 2010

Wir erfahren das, was wir wissen müssen:

1.) Info Abend mit einer OKR als Vertreterin der Landeskirche und dem Dekan LU

„Was müssen wir wissen?" wird abgearbeitet (Residenzpflicht, Baurücklage, Bauzuschuss, Kürzung Pfarrstellen)

2.) Info-Abend mit Vertreter der Stadt: Wohin entwickelt sich LU?
3.) Pfarrkonvent um voneinander zu erfahren
4.) Workshop für alle Interessierten: Für was soll Evangelische Kirche in LU stehen?

und fangen an zu handeln:

- Gemeinden, Koops, Werke, Dienste reichen ihre Schwerpunktsetzungen beim Bezirk ein (dazu liegt ab Mitte Januar ein Formular des BKR vor).

- Melden dem BKR, ob und welchen Veränderungsbedarf sie innerhalb des zu diskutierenden Zeitraums brauchen (dazu liegt ab Mitte Januar ein Formular des BKR vor).

zeitgleich

die Perspektive des BKR in den Bereichen „Inhalte, Schwerpunktsetzungen" und „Finanzen, Personal, Gebäude" wird erarbeitet

2. Halbjahr 2010

Verhandeln und Aushandeln – miteinander ins Gespräch kommen

- Positionspapier BKR wird in Synode und Koops und KGs eingespeist.
- Vorgeschlagene Schwerpunktsetzungen werden in der Synode vorgestellt und diskutiert,
- Weitere Positionen, andere Positionen, neue Positionen in den Gremien werden gesammelt

- und einander zugespielt. Möglicherweise ergeben sich weitere Workshops um Themenfelder, in denen Fragen von z.B. Öffentlichkeitsarbeit, Fundraising, Besuchsdienst, Taufe, neue Gottesdienstformen oder wie auch immer gemeinsam bearbeitet werden.

1. Halbjahr 2011

Miteinander im Gespräch bleiben, neue Ideen einspeisen, erste Beschlüsse fassen

Im Bezirk, in den Koops, in den Gemeinden wird weiter miteinander verhandelt.
Erste (vielleicht zeitnah notwendige) Beschlussfassungen werden erarbeitet

2. Halbjahr 2011

Beschließen und beauftragen

Beschlussfassungen in Synode, KGs und BKR
Beauftragungen der Schwerpunktsetzungen als öffentliches Fest der Evangelischen Kirche in LU

Am 7. Januar 2010 beschließt der Bezirkskirchenrat diese Schrittfolge für den Prozess in LU

1. Phase ab Januar 2010:
Wahrnehmen, sich informieren, selbst auskunftsfähig werden

Im Januar 2010 verschickt der BKR an alle Gemeinden und Dienste, Arbeitsfelder die im Anhang 1 dokumentierten zwei Formulare mit der Bitte, diese bis zum 15.9.2010 ausgefüllt zurück zu senden.

In dieser Phase fanden u.a.

- eine Bezirkssynode mit Vertretern der Stadt Ludwigshafen zu den Themen „Entwicklung des Gemeinwesens",
- ein Gesprächsabend mit OKR Müller und Dekan Dr. Gärtner zur Klärung des Rahmens statt.
- Daneben wurden zwei Pfarrkonvente und eine Tagesklausur des BKR vom IPOS moderiert.
- Mehrere Gemeinden wurden nach Anfrage vor Ort beraten.

Abgeschlossen wurde diese Phase 1 mit dem Marktplatz im Oktober 2010.
Dazu wurde ein Reader mit der Sammlung der Beantwortung der beiden Formulare und sonstiger eingereichter Dokumente herausgegeben, dessen Umfang 172 Seiten betrug.

2. Phase ab Marktplatz am 2. Oktober 2010
Verhandeln und Aushandeln – miteinander ins Gespräch kommen

Die zweite Phase war einerseits vom Handeln des BKR geprägt. Er ging auf (möglichst) alle Kirchengemeinden zu, um mit den Presbyterien eine gemeinsame Sichtweise auf deren (auch wirtschaftlich-finanzielle) Situation herzustellen. Zum Abschluss dieser Phase wurden die Ergebnisse auf einem „Meilenstein" vorgetragen. Mit einigen Gemeinden blieben unterschiedliche Betrachtungsweisen im Raum stehen.
Die zweite Phase war andererseits durch deutliche Aktivitäten besonders aus dem Kreis der übergemeindlich tätigen Hauptamtlichen geprägt. Von dort kam der Wunsch und die Bereitschaft, sich weiter

stark in den Prozess einzubringen, wobei schon da deutlich spürbar war, dass diese „Gruppe“ zum Teil starke Veränderungen und Umstrukturierungen der kirchlichen Arbeit in LU wünschte.

3. Phase ab Meilensteintreffen am 18. Mai 2011:
Miteinander im Gespräch bleiben, neue Ideen einspeisen, erste Beschlüsse fassen

Auf dem Meilensteintreffen am 18.5. und damit beim Übergang von der zweiten zur dritten Phase waren folgende weiteren Arbeitsschritte schon klar:

- Arbeitsgruppe zum Thema „Gottesdienste in LU“,
- BKR: Vorschlag für Modell einer gem. Trägerschaft der Kitas,
- BKR: Vorschlag für Konzept für kirchl. Arbeit in der Innenstadt und darüber hinaus,
- Arbeitsgruppe zum Thema „Profile, Schwerpunkte“ ,
- Weiterarbeit in den bestehenden Koops?

Entscheidende Impulse bekam der Prozess durch die Pfarrklausur im August 2011.
Im Protokoll wurde zum ersten Tag vermerkt: “Heute Morgen gab es drei Inputs zum Thema Veränderung, Gemeinschaft, Markt, Steuerung; wie wird das Ergebnis heute Abend betrachtet? – Überwiegend hoffnungsvoll und Zukunftsweisend“. In den beiden folgenden Tagen erarbeitete die Pfarrklausur ohne externe Begleitung oder Beratung für sich ein inhaltliches Konzept und eine Art Agenda für den weiteren Prozess. Die Ergebnisse der Pfarrklausur lasen sich dann so:

Ergebnisse der Pfarrklausur

Auf der Pfarrklausur haben wir uns auf eine **Agenda für die nächsten Jahre** geeinigt, die mit der anderen Hauptamtlichen, dem Bezirkskirchenrat und der Bezirkssynode besprochen werden soll. Danach könnte die Agenda für die nächsten Jahre folgendermaßen aussehen:

2011 – November - Beschluss einer Agenda auf der Bezirkssynode

2012 – Erarbeitung eines Konzeptes für die erweiterte Innenstadt, Fusionsverhandlungen, Festlegung von Profilgemeinden („Kompetenzzentren)“ und Schwerpunkten in den Regionen

2013 – Beginn der Arbeit in den Profilgemeinden, Umsetzung des Gottesdienstkonzeptes, Erarbeitung von Vereinbarungen in den Regionen, Abschluss von Gemeindefusionen

2014 – Arbeit mit festen Vereinbarungen

... alles vor den nächsten Presbyteriumswahlen!

- Öffentlichkeitsarbeit bei allem sehr wichtig! Transparenz
- Empfehlung: viele Gemeindeversammlungen
- Gegenseitiges Einladen zu Gesprächen wird gewünscht (auch GPD, Pfarrerinnen im Schuldienst, Krankenhaus etc.)

Inhaltlich wichtig wurde folgende Unterscheidung:

Schwerpunkte und Profile

Schwerpunkt ist Arbeitsfeld einer Gemeinde in einer Region, - könnte auch mehrfach da sein – die für andere mit übernommen wird.

Profil ist ein Arbeitsfeld, an einem Ort sichtbar, das nur einmal für den ganzen Kirchenbezirk da ist.

Für eine solche Arbeit muss eine Stellenbeschreibung vorliegen, damit bei einer Wiederbesetzung diese Arbeit fortgesetzt wird. Profile brauchen Ressourcen (Geld, Gebäude, Personal) und müssen von außen gut sichtbar sein.

Strukturell wurde die Neuordnung der Kooperationsregionen wichtig:

Neuer Regionenzuschnitt:

1. Pfingstweide, Edigheim, Oppau, Paulus, Oggersheim, (Ruchheim)
2. Friedenskirche, Hemshof, Mitte, Süd, West, Mundenheim
3. Ernst-Reuter-Siedlung, Gartenstadt, Niederfeld, Maudach, Rheingönheim, Altrip, (Ruchheim)

Die Bezirkssynode im November 2011 billigte diese Agenda und ermutigte zur Weiterarbeit an diesen Themen. Auch wenn manche aus dem entsprechenden Artikel aus der Rheinpfalz den falschen Schluss zogen, so waren doch noch keine inhaltlichen Beschlüsse über die zukünftige Arbeitsstruktur und Schwerpunktsetzung des Kirchenbezirks gefallen, wohl aber waren die entscheidenden Bilder und Ansätze im Raum.

4. Phase ab Bezirkssynode November 2011
weitere Beschlüsse fassen, Beauftragungen aussprechen.

Nach der Bezirkssynode im November 2011 fand am 9.1.2012 der nächste Meilenstein statt. Im Protokoll hieß es dann:

Gottesdienstplaner	Die Presbyterien und die Kooperationsregionen sind aufgerufen, den Godiplaner zu besprechen und für sich aufzubauen und auszuprobieren. Die Region Mitte tut dies ab den kommenden Monaten. Pfr. Köhl kann bezüglich der Planung und Umsetzung gerne beraten. Wichtig ist, dass unterstützende Maßnahmen im Bereich der

Öffentlichkeitsarbeit getroffen werden. Wie kann man aus Nutzersicht (!!!) am leichtesten gut zu einem Überblick über das jeweilige gottesdienstliche Angebot eines Wochenendes bzw. eines Monats kommen?

Kita-Verwaltung

In den kommenden Monaten soll sich eine Projektgruppe bilden zu diesem Thema bilden. Bei der zentral wichtigen Position eines „Kindertagesstättenbeauftragten" ist der Bezirkskirchenrat bereit, ein Stundendeputat für einen Pfarrer/Pfarrerin vorzuhalten. Andere KollegInnen müssten dann dessen/deren Aufgaben in dieser Zeit übernehmen. Dieses Stundendeputat muss in seiner Größenordnung natürlich am tatsächlichen Aufwand bemessen und möglicherweise immer mal neu nachgesteuert werden.

Ausschüsse Synode von Gruppe der Übergemeindlichen

Es geht um 4 Ausschüsse
Ausschuss Jugend, Schule und Bildung - Umbildung
Ausschuss Öffentlichkeitsarbeit - Neu
Ausschuss city Kirchenarbeit - Neu
Ausschuss Sonderseelsorge – Neu

Der Bezirkskirchenrat wird diese Ausschüsse vorbesprechen und laut Dekan Gärtner wahrscheinlich befürworten (er selbst tut es). Begrüßenswert wäre im Blick auf die Frühjahrssynode, wenn die Gruppe der Übergemeindlich vorher an den BKR einen Vorschlag über die Arbeitsweise (Zielsetzung, Arbeitsstruktur ....) einbringen würde und aus ihrer Sicht interessierte Personen ansprechen würde. Diese Ausschüsse dürfen nicht nur auf dem Papier stehen, sondern die Arbeit in diesen Bereichen tragen, bereichern, mit verantworten.

Thema Profile/Schwerpunkte/Zuschnitt der Kooperationsregionen, Thema GPD, Thema DBZ

Mehrfach gewünschte Profilierungen: Diakonie; Seelsorge und Spiritualität, Bildung; Stadtkirchenarbeit; Kultur (evtl. am Rhein); muslimisch-christlicher Dialog

DBZ: Hier widerspricht keine/r der Anwesenden, dass das DBZ in seiner momentanen Struktur eine Beauftragung für ein Profil bekommen soll. Unterschiedlich fallen die Voten bezüglich dem DBZ als Personalgemeinde aus. Wichtig ist, dass eine Veränderung im Moment noch keine Rechtsgrundlage auf landeskirchlicher Ebene hätte. Der Landeskirchenrat wird zum Thema „Personalgemeinde" selbst Informationen einholen und dann gegebenenfalls an die Landessynode zur weiteren Diskussion weitergeben.

Friedenskirche, KG LU-Nord: Kulturkirchenkonzept, Veranstaltungskonzept: Die Friedenskirche legt dem Bezirkskirchenrat demnächst ein Finanzierungskonzept vor. In der Diskussion wird deutlich,

dass die Thematik „Kultur, Bildung“ einer breiter angelegten inhaltlichen Diskussion bedarf.
Apostelkirche bzw. bisherige **Koop Mitte**: Angestrebt wird von Dekanatsseite eine Fusion bis zur nächsten Presbyteriumswahl. Käme es dazu, könnte die neugestaltete Kirchengemeinde die Finanzlasten der Apostelkirche wohl selber tragen. Es ist in jedem Fall zu fragen, inwieweit man die Apostelkirche als Stadt- und Dekanskirche wird in die Funktion bringt, die sie schon einmal innehatte und sie von daher aufwertet.
Neben der Frage der gebäudlichen und inhaltlich gestalteten Zukunft von Friedens- und Apostelkirche geht es um die Ausgestaltung der **Profile und Schwerpunkte**, sprich: Wie können diese z.B. auch personell gestärkt werden. Auch vor diesem Hintergrund hatte der BKR den Gemeindepädagogischen Dienst gebeten, sich selbst Gedanken zu machen, mit welcher personellen Ressource man eventuell welche Themen und Aufgabengebiete stärker besetzen könnte. Über den **Gesprächsprozess des GPD** und damit die Möglichkeit Themen und Aufgabenfelder zu besetzen (oder eben auch nicht) wird die Leitung des GPD dem BKR einen Bericht zukommen lassen, der auch der Frühjahrssynode vorgelegt werden wird.
Klar wird, dass es viele gute und z.T. auch seht weit vorangetriebene Ideen bezüglich der „Schwerpunkte und Profile“ im Dekanate gibt, diese aber in einer neuen Schleife zum guten Teil noch weiter präzisiert (Gebäude, Personal, Finanzen) werden müssen. Dazu wird der BKR nach seiner nächsten Sitzung am Freitag, den 20.1.2012 Impulse setzen.

Gez. Steffen Bauer, IPOS

Beschlüsse der Synode vom Herbst 2012 und Frühjahr 2013

27.10.2012

„Die Bezirkssynode Ludwigshafen beschließt, den Kirchenbezirk in drei

Kooperationszonen einzuteilen:
Region Nord: Pfingstweide, Edigheim, Oppau, Oggersheim
Region Mitte: Mitte, West, Süd, Hemshof, Nord, Friesenheim, Mundheim
Region Süd: Gartenstadt, Maudach, Rheingönheim, Ruchheim, Altrip“

Zugleich erfolgen erstmals Berichte aus den neuen synodalen Ausschüssen:
Cityarbeit, Öffentlichkeitsarbeit und Bildung und Kultur

9.3.2013
Die Bezirkssynode beauftragt das DBZ und die Friedenskirche als Profilgemeinden,
die Apostelkirche als Stadtkirche,
und beschließt das neue Konzept des GPD.

Insbesondere mit dem GPD Konzept wird die Veränderungsdynamik deutlich. In der Langfassung des der Synode vorgelegten Konzepts heißt es u.a.

„Konzeptionelle Überlegungen und konkrete Umsetzung

In Zukunft wird sich der GPD in einer Mischform von regionaler Orientierung und funktionaler Ausrichtung aufstellen. Dadurch können Schwerpunkte in den Regionen und Profile für den ganzen Kirchenbezirk gestärkt werden. Für die Arbeit in den Schwerpunkten der Regionen wird von den drei Großregionen ausgegangen (Beschluss der Bezirkssynode im Oktober 2012), dabei wird die Kinder- und Jugendarbeit als ureigenes Arbeitsfeld gemeindepädagogischer Arbeit mit drei Mitarbeitenden des GPD ausgefüllt. Eine ähnlich hohe Abdeckung kann in keinem der folgenden Bereiche aufrechterhalten werden“ (Seite 5f).

5.) Ein wichtiges Lernfeld: der Norden Ludwigshafens

Im Rahmen des Gesamtprozesses wurden die drei Gemeinden im Norden Ludwigshafens auf Nachfrage intensiv begleitet.
Im Herbst 2012 und im Frühjahr 2013 sind in sehr intensiven Kooperationsgesprächen zwei wichtige Dokumente erarbeitet worden, denen durchaus Vorbildcharakter für andere Gemeinden und deren Zusammenarbeit zukommt: ein Kooperationsvertrag und eine Pfarrdienstordnung.
Mit beiden Dokumenten regeln die drei Gemeinden aus drei Stadtteilen eine sehr enge Form der Kooperation. So wurde z.B. die gesamte Jugendarbeit auf einen gemeinsamen Ausschuss der drei Gemeinden delegiert, die Konfirmandenarbeit wird zusammen gestaltet, es findet nicht nur ein intensiver Kanzeltausch statt, sondern der Weg führt dahin, dass die drei Presbyterien mit ihren noch verbleibenden drei Pfarrpersonen die Versorgung und Begleitung aller drei Gemeinden gemeinsam steuern und voranbringen.
Im Moment finden in allen Landeskirchen intensive Überlegungen zur Zukunft des Pfarrberufes statt. Hintergrund dieser Diskussion ist vor allem die Beobachtung, dass die Kolleginnen und Kollegen viel zu sehr vereinzelt und auf sich gestellt ihren Dienst tun. Was man an der Region dieser drei Nordgemeinden gut ablesen kann, ist die Möglichkeit, dass durch intensive Phasen des Kennenlernens, durch klare Rahmensetzungen von außen (Rückgang der Pfarrpersonen von fünf auf drei), durch das Gewähren von Zeit und vielen Gestaltungsmöglichkeiten das Parochialprinzip durch den Gedanken des Pfarrteams ergänzt und sogar in wesentlichen Teilen korrigiert werden kann. Vom Norden Ludwigshafens kann man lernen, dass es möglich ist, in Etappen nicht nur zu einer gemeinsam verantworteten Jugend- und Konfirmandenarbeit zu kommen, sondern auch die Kasualpraxis als Pfarrteam über drei durchaus auch unterschiedliche Stadtteile anzugehen. Sowohl dem Kooperationsvertrag wie auch der Pfarrdienstordnung kommt somit ein Vorbildcharakter zu.

Die Klarheit macht's –

Was es braucht, damit Veränderungsprozesse in Gemeinden und Dekanaten möglich werden[11]

Die Erfahrung aus Veränderungsprozessen innerhalb und außerhalb unserer Kirche zeigt drei Merkpunkte auf, deren Berücksichtigung den erfolgreichen Prozess und Vollzug von Veränderungen deutlich unterstützen.

1.) Die innere Motivation wahr- und aufnehmen

Die Beobachtung:
In vielen Gemeinden und Dekanaten innerhalb der Evangelischen Kirche in Hessen und Nassau (EKHN) gibt es Lust und Interesse über das „Kirche sein" in der Zukunft nachzudenken und heute schon Weichen für und in diese Zukunft hinein zu stellen. Gemeindeglieder wollen über die inhaltliche und geistige Ausrichtung ihrer Kirche vor Ort miteinander reden und nachdenken. Viele Kirchenvorstände z.B. wollen, dass ihre Gemeinden mehr und andere Menschen ansprechen. Sich neu über die Ansprache des Evangeliums an alle Welt Gedanken zu machen, ist für viele ein zentrales Anliegen.

Zum Beleg:
Die Anfragen an Fach- und Beratungsstellen der EKHN häufen sich, Anfragen an und nach Mitgliederorientierung, nach Glaubenskursen, nach Fundraisingmöglichkeiten, nach Sozialraum- und Milieudaten steigen bzw. bewegen sich auf einem hohen Niveau. Genauso steigt

---

[11] Veröffentlicht in: „Kirche entwickeln – durch Klarheit, Kirchenmediation, Kommunikation, Kuratoren, Konsensieren", Zeitschrift für Organisationsentwicklung und Gemeindeberatung Heft 11, hrsg. von: GBOE - Gesellschaft für Gemeindeberatung und Organisationsentwicklung in der EKD und Förderverein für Organisationsentwicklung und Gemeindeberatung, Friedberg 2011, Seite 5 – 9.

die Nachfrage nach den unterschiedlichen Beratungsangeboten des IPOS.

Es ist erkennbar: Gemeinden und Dekanate wollen ihre Nachbarschaft und ihre Umwelt (gesellschaftlich und kirchlich) neu wahrnehmen.

In drei Regional-Projekten innerhalb der EKHN wird die dortige Wahrnehmungsphase gerade intensiv bearbeitet[12]. Man schaut neugierig und interessiert in die Kirchengemeinden der Nachbarschaft, man läuft (buchstäblich) den eigenen Sozialraum ab, man kommt neu mit Vereinen, der Wirtschaft, der Politik ins Gespräch. Man macht sich also kundig und lernt z.B. anhand der Milieu-Studie die eigene Gesellschaft differenziert neu zu sehen.

Diese Regio-Projekte zeigen schon zum jetzigen Zeitpunkt zweierlei sehr deutlich auf:

Gemeinden und Dekanate kennen bislang wenig voneinander.
Es gibt viele Menschen in ihnen, die das zu ändern bereit und in der Lage sind.

Empfehlung:

Diese vielerorts stark ausgeprägte innere Motivation ist bei allen Veränderungsprozessen unbedingt zu berücksichtigen, an sie gilt es anzuknüpfen und sie ist zu befördern. Jede Kirchenleitung tut gut daran, mit dieser inneren Motivation, d.h. mit dem Gestaltungswillen vor Ort in gutem Kontakt zu sein.

---

[12] Im August 2013, zwei Jahre nach Abfassen dieses Textes, liegen der Abschlussbericht von Kerstin Söderblom sowie eine Evaluation dieser Modellprojekte beim IPOS vor. Der Titel lautet: Kirchliche Regionalentwicklung in der Evangelischen Kirchen in Hessen und Nassau am Beispiel von drei Modellprojekten.

Veränderungen können nicht gegen die Menschen und deren innere Motivation vor Ort durchgesetzt werden, sondern müssen von möglichst vielen mitgetragen und mitgestaltet (!) werden.

2.) Äußere Motivationen klarstellen und vermitteln

Die Beobachtung:

Veränderungsprozesse brauchen klare Rahmensetzungen von außen, die von Kirchenleitung und Kirchensynode vorzunehmen sind.

Diese Rahmensetzung hat sich mindestens an zweierlei Erkenntnissen auszurichten:

a.) Die absoluten Zahlen an Bevölkerung, Gemeindeglieder, Finanzeinnahmen… werden geringer
b.) und die Vielzahl an Lebenshaltungen und -stilen wird größer.

Über diese sich veränderten Rahmenbedingungen ist in unserer Kirche auf allen Ebenen eine innere Klarheit herbeizuführen, damit alle an den Veränderungsprozessen Beteiligte wissen, womit zu rechnen ist. Gemeint ist damit, dass eine Verständigung über die zu erwartenden Rahmenbedingungen geschaffen werden muss. Mit welchen Zahlen müssen wir rechnen und wird gerechnet? Wie lassen sich veränderte Lebensstile beschreiben und was könnte dies für das „Kirche sein“ bedeuten?
Natürlich sind alle Prognosen nichts anderes als das Ausziehen gegenwärtiger und vergangener Erkenntnisse auf die Zukunft hin. Und natürlich sehen wir vom Evangelium her die zukünftige Welt und die Zukunft des Menschen noch einmal anders als einfach nur in einer Verlängerung seiner Vergangenheit und Gegenwart. Dies enthebt uns aber nicht der Verantwortung, sich aller Kenntnisse und Erkenntnisse zu bedienen, um zu beschreiben, was wohl eintreten wird, wenn sich

eben nichts Unvorhersehbares einstellt. Genau diese Klarheit braucht es aber, um sich auf Veränderungsnotwendigkeiten einzulassen.

Wo diese Klarheit fehlt, entsteht Orientierungslosigkeit und Veränderungsprozesse stocken. Wo diese Klarheit geschaffen wird, wird zu der vielerorts verbreiteten inneren Motivation eine von außen kommende dazugegeben: „Wir müssen uns verändern, weil sich unsere Umwelt (Finanzen, Lebenswelt) rasant verändert".

Zum Beleg:

Gerade in den Regio-Projekten der EKHN wurde bislang immer wieder am Rande die Vermutung laut, dass die Kirchenleitung doch bestimmt einen Plan zur Kürzung von Stellen bzw. Finanzmitteln in der Zukunft habe, diesen aber eben nicht kommuniziere.
Diese auftretenden Phantasien lähmen die Veränderungsbereitschaft vor Ort. Wo Menschen in ihrem Gestaltungsraum hoch motiviert ans Werk gehen, tritt eine gewisse Lähmung und Ohnmacht ein, wenn vom Planungsraum die Rede ist und also davon, was zentral für die eigene Gegend gedacht und gesteuert zu werden scheint.
Erfahrungen aus anderen Landeskirchen zeigen aber, dass Veränderungen dort angegangen werden können, wo über diese sich veränderten Rahmenbedingungen klar Auskunft gegeben worden ist und weiter informiert wird. Natürlich kommt es dann zu Signalen und Stationen der Trauer, weil Veränderung gegenwärtig eben meistens auch Aufgabe und Verzicht bedeutet. Gleichzeitig gelingt es aber, dass eigenständig sowohl an der inhaltlichen wie auch an der strukturellen Entwicklung vor Ort weiter mitgearbeitet wird.

Empfehlung:

Jede Leitung sollte die Zukunfts- und Rahmendaten immer an den Anfang all ihrer Überlegungen stellen und diese immer neu kommuni-

zieren. Voraussetzung ist, dass sie sich auf diese Zukunfts- und Rahmendaten selbst immer wieder neu verständigt und einlässt.
Wer nicht sagen kann, woraufhin er etwas in die Wege leiten will, der wird auch kaum mehr Gehör finden für das, „was“ er in die Wege leiten will.

Die Zukunfts- und Rahmendaten sind nun in einem zweiten Schritt mit allen am Prozess Beteiligten so zu kommunizieren, dass die Akzeptanz für diese Annahmen wächst. Erst so wachsen dann auch das Mitdenken und die Mitverantwortung für Handlungsschritte bei möglichst vielen Beteiligten.

Wird darauf verzichtet, dieses Mitdenken und diese Mitverantwortung zu befördern, der wird mit wachsendem Widerstand zu rechnen haben und scheitern.

3.) Innere und äußere Motivation miteinander verbinden

<u>Die Beobachtung:</u>

Befördert werden Veränderungsprozesse, dass Gestaltungsräumen innerhalb einer klaren Rahmensetzung ermöglicht werden. Durch diese Vorgehensweise fließen äußere und innere Motivationen ineinander.
Die innere Motivation lebt davon, dass man den eigenen Sozialraum auch als eigenen Gestaltungsraum erlebt. Dazu braucht es eine Stärkung der Eigenverantwortlichkeit.
Die äußere Motivation lebt davon, dass klare Ansagen bezüglich des einzuhaltenden Rahmens getroffen bzw. vereinbart werden, d.h. dass die Grenzen des Machbaren und der Entwicklungsmöglichkeit benannt werden. Noch wichtiger ist aber, dass eine Verständigung darüber erzielt wird, welche Gestaltungsmöglichkeiten verschiedenen Ebenen von Kirche planerisch eingeräumt werden.

Von besonderem Interesse für die Steuerung von Veränderungsprozessen sind nun Anreizsysteme, die Lust machen sich zu bewegen bzw. in Bewegung zu kommen. Zugrunde liegt allen Überlegungen dabei der Grundsatz: „Wer sich bewegt, der darf auch gerne etwas davon haben", sei es ein mehr an Anerkennung, ein mehr an Effizienz und Einheitlichkeit z.B. in der Wahrnehmung von außen, eine stärkere Finanzausstattung, ein Mehr an Qualität, ein Mehr an Entlastung, neue Projektmöglichkeiten bzw. Projektbegleitungen und Ähnliches.

Zum Beleg:

Das Projekt „Zukunftssicherung der Diakoniestationen" der EKHN und des Diakonischen Werk Hessen und Nassau (DWHN) verdankt seinen Erfolg u.a. der Installierung eines klaren Anreizsystems. Nicht mehr die Defizitabdeckung der Stationen wurde bzw. wird aus Kirchensteuermitteln finanziert, sondern z.B. innovative und kreative Projektideen und deren Umsetzung. Von diesem Projekt kann man insgesamt u.a. lernen, dass nur wenige Prozentpunkte Finanzmittel vom Gesamthaushalt schon ausreichen, um Ideen und Veränderungen vor Ort anzuregen und zu befördern.

Einen Schritt weiter geht man, wenn man Anreizsysteme schafft, die beispielsweise größere bzw. durch Fusionen größer werdende Einheiten mit mehr Finanzmitteln ausstattet. Die Gemeindezuweisung innerhalb der Evangelischen Landeskirche in Baden kennt solch eine Systematik.

Wieder anders sieht es dann aus, wenn man den Verantwortlichen vor Ort einen größeren Gestaltungsraum zuerkennt und einräumt. Wichtig dabei ist, so zeigt ein Blick auch in andere Landeskirchen, dass hier nicht allein bzw. nicht primär der Versuch unternommen wird, die Umsetzung unliebsamer Einsparungen auf eine untere Ebene zu delegieren. Im Vordergrund sollte stehen, dass man aufgrund einer differenzierten Sicht von Kirche in der Region zulässt, dass Kirche sich regional unterschiedlich entwickelt. Genau auf dieser Linie kann man auch die Dekanatsstrukturreform und deren mögliche Fortführung in der EKHN einordnen. Dabei sind verschiedene Aspekte in den Blick zu nehmen, die zeigen, wie an dieser Stelle das bisher Ausgeführte zusammenfließt. Die EKHN hat fünf Handlungsfelder als für das „Kirche sein" konstitutiv identifiziert. Diese Handlungsfelder sollen nun nicht nur auf der Ebene der Gesamtkirche abbildhaft deutlich werden, sondern auch in der Kirche in der Region, dort aber möglicherweise in unterschiedlicher Gewichtung. Der Planungsraum (die Gesamtkirche) spricht von daher dem Gestaltungsraum (der Kirche in der Region) einen Rahmen und zugleich Möglichkeiten zu, diesen unterschiedlich auszufüllen. Dabei zeigt sich, dass insbesondere unter Zuziehung von Planungsdaten für die Zukunft manche Dekanate zahlenmäßig so klein sind oder zunehmend werden, dass sich kaum Gestaltungsmöglichkeiten auftun, weil die Stellenkontingente keine nennenswerte Größe erreichen. Gerade diese Erfahrung macht deutlich, wie wichtig es ist, sich auf Zukunftsbilder zu verständigen. Jede Projektion in die Zukunft zeigt, dass die heutigen Zuschnitte von Dekanaten bei z.T. deutlich rückläufigen Gemeindegliederzahlen und Personal- und Finanzressourcen dann allein als eine Größe wahrgenommen werden, die den mehr oder weniger großen Mangel verwaltet. Umgekehrt formuliert muss man sagen: Kirche in der Region braucht eine Mindestgröße, um tatsächlich gestalterisch tätig werden zu können. Dann aber darf und soll sie es auch innerhalb eines klar abgesteckten und weiten Rahmen tun. Eine Gesamtkirche, die diese Grundeinsicht teilt, wird sich auf den Weg zu machen haben, diese Mindestgrößen zu benennen und Erfahrungen aufzunehmen, wie diese „Kirche in der Region" sich jeweils selbst weiterbauen kann und will. Gerade Arbeitsgemeinschaften und weitere Formen der Zusammenarbeit zwischen Dekanaten gilt es hier in den Blick zu nehmen und das Zusammenwachsen weiter zu befördern. Dabei sind auch die Grenzen der kommunalen Gebietskörperschaften unter dem Aspekt des sichtbaren und einheitlichen Gegenübers von Kirche und Kommune in den Blick zu nehmen. Hierin liegt eine weitere Chance „Kirche in der Region“ stärker wirken zu lassen und also ihren Gestaltungsbereich zu erweitern.

Interessant ist, dass die EKHN bislang vor allem einen Typus des Anreizsystems kennt: die Prozessbelohnung. Wer innerhalb der EKHN kreativ und innovativ am Werke ist, der wird bislang vor allem dadurch belohnt, dass er für den angestrebten Weg eine Prozessbegleitung gestellt bekommt. Das sichert sicher eine professionellere Vorgehensweise des Prozesses. Der Erfolg von Veränderungsprozessen hängt aber sehr stark am sichtbar werdenden dauerhaften Mehrwert der Veränderung, also vom Ergebnis ab. Neben dem guten Beispiel des Projektes „Stärkung der Diakoniestationen“ wäre mit der weiteren Ermöglichung des Gestaltungsraums „Kirche in der Region“ eben genau dieser Mehrwert von Veränderung zu erreichen.

Empfehlung:

Die Kirche vor Ort und damit die innere Motivation der dort handelnden Haupt- und Ehrenamtlichen ist durch möglichst große Gestaltungsmöglichkeiten zu befördern. Dazu sollte die Gesamtkirche einen klaren Rahmen (und Grenzen) für diese Gestaltungsmöglichkeiten vorgeben.

Veränderungen sollten dadurch befördert werden, dass Innovationen und Bewegungen gewürdigt werden z.B. durch ein mehr an Gestaltungsmöglichkeiten oder/und ein mehr an Finanzen und/oder ein mehr an Personal….

Veränderungen können auch dadurch befördert werden, dass man mitunter im Raum des Rechts zumindest Erprobung zulässt. Neue

Formen von „Kirche sein" lassen sich mitunter nur so andenken und ansatzweise umsetzen, dass man sich und anderen die Möglichkeit zugesteht, etwas für eine begrenzte Zeit auszuprobieren.

4.) Und wie kommt man ans „Ziel"?

Ein letzter, allerdings ganz zentraler Aspekt soll nun noch deutlich werden.

Die Erfahrungen in unserem Institut in der Begleitung regionaler und sehr komplexer Prozesse machen deutlich, dass es für den Prozessverlauf und den Erfolg desselbigen entscheidend ist, dass immer wieder besondere Räume und Orte nicht nur für den Austausch verschiedener Ideen oder auch unterschiedlichen Perspektiven geschaffen werden. Wir haben die Erfahrung gemacht, dass es auf solchen – wie wir es nennen – Marktplätzen oder Foren zu entscheidenden Weiter- oder gar Neuentwicklungen im Denken, Fühlen und Handeln kommen kann. Von der Grundgestalt her muss es sich dabei um eine Begegnung handeln, die unterschiedlich intensive Austauschformen ermöglicht, die die verschiedenen im Raum befindlichen Perspektiven zulässt, die gemeinsam nach neuen Ideen suchen lässt. Wir verwenden den Begriff des Marktes, weil es dabei tatsächlich um eine Art von Tauschgeschäft geht: Erfahrungen, Perspektiven und Ideen werden getauscht, darauf kommt es an. Um dies zu ermöglichen, muss der Rahmen klar sein (siehe Punkt 2) und der intrinsischen Motivation zugetraut werden, dass sie Lösungsmöglichkeiten für notwendige Veränderungen innerhalb dieses Rahmens (über den man sich ja gemeinsam verständigt hat und auf den man sich gemeinsam einlässt) hervorbringt und zwar von Marktplatz zu Marktplatz (von Region zu Region) in durchaus unterschiedlicher Form.

Nicht die eine steht dann gegen die andere Perspektive bzw. Motivation, sondern gemeinsam sucht man beides neu und gut miteinander zu verbinden.

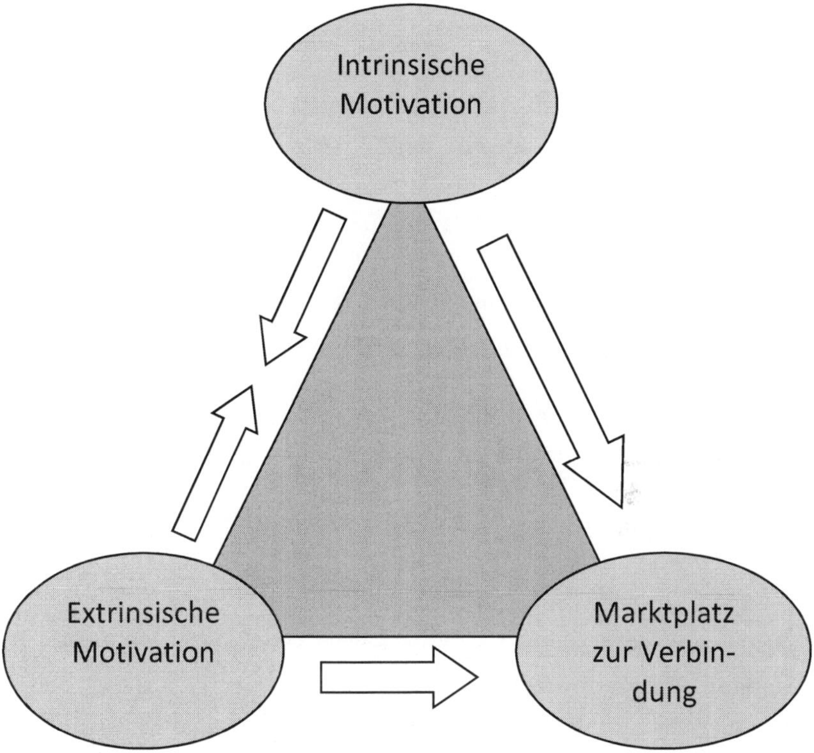

Für uns drückt dieses Schaubild die Hypothese aus, dass Veränderungsprozesse in der Kirche davon leben, befördert zu werden, wenn solche Marktplätze eingerichtet werden und das Zutrauen wächst, dass genau dort die entscheidenden Impulse zur Veränderung gemeinsam erarbeitet (geboren) werden.

„Mut machen“

Rede auf dem Zukunftskongress der Evangelischen Kirche in der Pfalz am 3. September 2011:

Liebe Schwestern und Brüder, meine sehr geehrten Damen und Herren,
in vier Punkten möchte ich gerne zu Ihnen sprechen, wobei ich Ihnen am Ende meiner kurzen Ansprache Mut machen möchte, einen Aspekt noch stärker in Ihrem Fühlen, Denken und Handeln zu verankern. Zunächst und hauptsächlich aber soll es um drei Beobachtungen gehen, bei denen Sie selbst als einander Mut machende in Erscheinung treten.
Wenn wir in unserem Institut versuchen zu beschreiben, wie und warum Veränderungsprozesse gelingen oder auch nicht, dann fallen uns immer wieder drei Punkte auf.
Den ersten erfüllen Sie hier in der Pfälzer Landeskirche mittlerweile landauf – landab:
Sie setzen klare Rahmen. Sie machen klar, von welchen Veränderungsdynamiken Sie innerhalb und außerhalb unserer Kirche ausgehen. Sie schauen sich die demografische und die mögliche finanzielle, wirtschaftliche Entwicklung an, Sie versuchen zu erspüren, wie sich unsere Gesellschaft in ihren Lebensstilen und Lebenshaltungen verändert.
Diese Einsichten tun mitunter weh und oft genug wehrt man sich gegen sie mit Händen und Füßen. Es soll doch möglichst alles so bleiben wie es ist. Aber ich habe von Ihnen in der Pfalz lernen dürfen, dass und wie wichtig es ist, diese Zahlen, diese Rahmenbedingungen, diese Entwicklungen einzuspielen, zu benennen, an sie immer wieder zu erinnern. Sie sind auf diesem Feld weiter, weil klarer, einheitlicher, strukturierter als andere. Und ich glaube, dass Sie mitunter gar nicht wissen, wie entscheidend, wie wichtig das ist. Natürlich bleiben die Folgen davon nicht aus: Überall, wo diese Rahmenbedingungen ge-

nannt werden, wo sie auf den Tisch kommen, gibt es Widerstände und Ärger. Ängste und Verunsicherung werden ausgelöst. Aber, liebe Schwestern und Brüder, Sie halten Kurs, so mein Eindruck. Ich ahne, dass dies der Einsicht geschuldet ist, dass die Pfälzer Landeskirche eben vor besonderen Herausforderungen steht. Ich lerne aber in vielen Zusammenhängen, dass dies weder in Politik noch in Kirche schon Grund genug ist, sich diesen Herausforderungen auch entsprechend zu stellen. Wir als Menschen haben eben in besonderen Momenten der Herausforderung scheinbar immer drei Möglichkeiten des Umgangs: Wir laufen weg, wir stellen uns Tod, wir nehmen die Herausforderung an. Sie tun das Letztere, das ist mein Eindruck. Und vor dem Hintergrund meines Tuns kann ich Ihnen nur zurufen, dass Sie damit die eine Grundvoraussetzung erfüllen, damit Veränderungen überhaupt möglich werden.

Dann aber kommt das zweite dazu. Überall wo ich bisher mit Teilsystemen Ihrer Kirche zu tun bekommen habe, da haben mir die Akteure zugerufen: Wir wollen nicht nur übers Geld und über Gebäude und über Personal reden, sondern vor allem und zuerst über Inhalte. Sehr gut. Wir nennen das intrinsische Motivation und meinen damit, dass es überall in unseren Gemeinden, Werken und Diensten, eben in unserer Kirche Menschen gibt, die etwas wollen, die etwas bewirken wollen, die sich einsetzen, die Ideen haben. Wir haben manchmal Schwierigkeiten damit, dass die Person neben, hinter oder über mir andere Ideen, andere Bilder von Kirche, andere Schwerpunktsetzungen im Kopf hat als ich. Für die Aufgabenstellung von Kirche motiviert zu sein, das heißt noch lange nicht, dass alle an einem Strang ziehen, überhaupt nicht. Aber es tut gut, wenn Sie alle davon ausgehen, dass Ihr Ansprechpartner auch einen engagierten Blick hat, und auch eine Idee von dem im Kopf hat, was Kirche ist oder sein könnte. Ich erlebe das bei Ihnen in der Pfalz so: Auf den verschiedenen Ebenen von Kirche sitzen Leute, die motiviert und engagiert sind, sich aber mitunter das Leben ganz schön schwer machen.

Deshalb, damit Veränderungen gelingen, braucht es nicht nur klare Rahmenbedingungen, über deren Geltung man sich immer wieder neu verständigt. Das tun sie. Und es braucht auch nicht nur stark motivierte Ideengeber und Mittuende. Über die verfügen sie, so erlebe ich das. Damit Veränderungen gelingen, braucht es vor allem solche Gelegenheiten wie heute.

Wir nennen das Marktplatz oder Forum, der Name ist gar nicht so wichtig. Es geht um das, was an Tagen wie heute passiert. Quer zur Frage, woher Sie kommen, was Sie tun, ob sie in der Gemeinde vor Ort arbeiten, ob Sie in der Verwaltung oder in der Leitung von Kirche tätig sind, ob haupt- oder ehrenamtlich unterwegs, Sie gehen ins Gespräch und bereichern sich und einander. Für uns sind solche Marktplätze für mögliche Veränderungen entscheidend. Hier geschieht es oder es bleibt wie es ist.

Ich will Ihnen noch deutlicher sagen, um was es unserer Meinung nach dabei geht: Um etwas Gutes auf den Weg zu bringen, um etwas Gutes hervorzubringen, braucht es Begegnung, Austausch, Zeiten und Räume, die dafür bereitstehen. Wir können sicher keinen sogenannten Kairos für Veränderungen erzwingen, dazu braucht es das Geschenk des Heiligen Geistes. Aber Positionspapiere, einander zuschütten mit Emails, viel übereinander zu reden und wo möglich vor allem übereinander zu schimpfen, das bringt noch keine Veränderung.

Was ich aber merke, immer wieder neu, es geschieht auf solchen Foren, auf solchen Marktplätzen.

Haben Sie das den Tag über auch gespürt? Wir, das wandernde Gottesvolk, das sich sonst vor allem sitzend bewegt, sind aufgestanden, wir sind umher gegangen, völlig ungewohnt.

Wir hören neu, auch aufeinander; wir sehen neu, auch einander, wir spüren mitunter, was dran ist. Ich habe viele tolle Ideen gesehen und selber neue bekommen. Ich habe interessante und interessierte Menschen erleben dürfen, Mensch: Kirche lebt. Vielleicht ist Ihnen heute sogar jemand begegnet, der Ihnen mal aus Speyer oder von sonst wo

einen Brief geschrieben hat und vorhin bei der Begegnung war der Typ gar nicht so schlimm, unfassbar.
Aber vielleicht haben Sie vor allem Ideen bekommen, was Kirche alles ist, sein kann, werden kann. Ich wiederhole, diese Bewegung, diese Begegnung geschieht auf solchen Plätzen wie hier und heute und nicht an unseren Schreibtischen und in unseren Sitzungszimmern. Nun gehen wir aber natürlich wieder an unsere alltägliche Arbeit, auch in der Kirche, klar. Aber nochmal, solche Marktplätze braucht es, im Großen und im Kleinen. Und übrigens, auch in Ihren Gemeinden können Sie mal alle Kreise und Gruppen zu so einem Marktplatz einladen. Solch eine Art Gemeindeversammlung hat es in sich und setzt Neues, Anderes frei an Gemeinschaft, an Freude, an Ideen.
Rahmenbedingungen beachten, auf die Motivation der Mittuenden achten und solche Ort und Zeiten der Begegnung und des Austauschs schaffen, das ermöglicht Veränderungen. Sie sind dran an diesen Punkten, ich kann Sie dazu nur beglückwünschen.
Eine letzte Beobachtung von mir. Ich leite Sie etwas überraschend ein. Als Papst Johannes Paul II beerdigt wurde, da hat während der Live Übertragung auf einem Nachrichtenkanal ein Reporter einen katholischen Geistlichen gefragt, ob man denn so ein Beerdigungsritual nicht häufig üben müsse, das wäre ja überwältigend. Und der katholische Geistliche hat ganz trocken und kurz geantwortet: „Das wird nicht geübt, wir können das seit 2000 Jahren“. Ich erzähle Ihnen das, weil in dieser Begebenheit ganz generell deutlich wird: Wir, die verfassten Kirchen sind die Profis im Umgang mit Tod, Sterben und Trauer. Wir sind dies ganz individuell in der Begleitung einzelner Menschen, aber nach meinem Eindruck spürt man auch in der Gesellschaft immer stärker wieder den Wunsch nach Formen und Ritualen kollektiver Trauer. Wir haben ja gerade in Norwegen erlebt, wie bewundernswert die Norweger mit diesem furchtbarem Verbrechen umgegangen sind und zwar gerade auch in Formen und Ritualen kollektiver Trauer. Ich sage also, dass wir als Kirche die Spezialisten, die Profis im Umgang mit Tod, Sterben und Trauer sind. Aber wenn es darum geht, dass es

bei uns, in unserer Kirche, in unseren Gemeinden ums Aufhören, Weggeben, Einstellen, Beenden, Loslassen geht. Wenn bei uns in der Kirche plötzlich getrauert werden muss, weil es womöglich Abschied zu nehmen gilt, dann spürt man nicht mehr viel von diesem Wissen um Prozesse der Trauer. Ich habe oft genug den Eindruck, dass nichts, gar nichts in der Kirche eingestellt, ich sage es ganz hart, sterben darf. Lieber laden sich die Presbyterien noch mehr und noch mehr auf. Das kann nicht gut gehen. Wo Neues, Anderes entstehen soll, da müssen wir uns auch die Frage stellen, was wir stattdessen lassen, wenigstens mal unterbrechen. Ich möchte Ihnen zum Abschluss meiner Sätze Mut machen und Sie bitten, auch diesen Aspekt von Veränderungen im Auge zu behalten. Gott hat uns nicht den aufrechten Gang gelehrt, damit wir uns unter der Wucht des Haupt- und Ehrenamtes zusammenfalten lassen. Unterbrechen Sie doch wenigstens an der oder anderen Stelle Gewohnheiten des Gemeinde-, des Kirchenlebens, wenn Sie etwas Anderes, Neues ausprobieren wollen. Man kann nicht auf die eine Seite der Waage immer mehr darauf schaufeln ohne dass die Balance verloren geht. Ich möchte Ihnen Mut machen, auch auf solch eine Waage zu schauen, auf deren Balance, auf Ihre Balance. Das hilft bei all Ihren weiteren Schritten ungemein.
Ich danke Ihnen für die Aufmerksamkeit

Die evangelische Gemeinde im Prozess kirchlichen Wandels und ihre biblische Grundlage

Vortrag auf der Synode in Oldenburg am 12. Mai 2011

Liebe Schwestern und Brüder, sehr geehrte Damen und Herren,
Gemeindeentwicklung und Veränderungsprozesse werden, so nehme ich das wahr, im Moment aus drei sehr unterschiedlichen Quellen gespeist. Sie werden sehen, dass die Quellen 2 und 3 in sich schon viel Kreativität und Energie tragen und freisetzen, bei der Quelle 1 ist das anders. Da muss man erst einmal sehr viel Energie aufwenden. Da klingt denn auch alles gleich viel schwerer, Sie werden das spüren.
In jedem Fall möchte ich in drei Abschnitten zu Ihnen sprechen. Ich werde mich dabei am Bild des „wandernden Gottesvolkes“ aus dem Hebräerbrief orientieren[13] und es in allen drei Unterpunkten ins Spiel bringen.
Die Überschriften lauten:

1.) **Es wird weniger, das wandernde Gottesvolk erhebt sich.**
2.) **Es wird anders, das wandernde Gottesvolk orientiert sich neu.**
3.) **Es wird vielfältiger, das wandernde Gottesvolk kommt in Bewegung.**

zu Beobachtung 1: Es wird weniger, das wandernde Gottesvolk erhebt sich.

Es wird weniger: Sie alle kennen das und wissen darum. Die Gemeindegliederzahlen nehmen ab, die Kirchensteuereinnahmen gehen strukturell eher zurück, die Zahl der Hauptamtlichen wird kleiner, die Zahl an Gebäuden muss vielerorts verringert werden. Das alles bedrückt uns und führt zu ganz schwierigen Diskussionen in den Gemeinden,

[13] Hebräer 4,9; 13,14

Synoden, Werken und Diensten der Kirche. Das Gebäude, mit dem man doch so vertraut ist, soll plötzlich vor allem eine Last sein, unmöglich es zu halten? Manchmal hat man das Gefühl, dass einem buchstäblich der Stuhl, auf dem man eben noch gesessen hat, weggezogen wird. Liebe Schwestern und Brüder, wem der Stuhl weggezogen wird, der muss sich erheben und ich sage deshalb ganz bewusst: Es wird weniger und das wandernde Gottesvolk erhebt sich. Ich sage damit aber auch: Wir sind in vielen Gemeinden nicht nur sesshaft, sondern in manchen Gemeinden regelrecht bewegungsunfähig geworden. In diesen Gemeinden gilt dann: Wir predigen zwar ganz Evangeliums gemäß, dass unsere Zukunft nicht einfach die Verlängerung unserer Gegenwart und unserer Vergangenheit sei, aber genauso, nämlich als eine Verlängerung der Vergangenheit möchte man dort die Zukunft der eigenen Gemeinde sehen: Es soll sich möglichst nichts ändern. Diese Grundeinstellung und Haltung kann aber dann nicht mehr tragen, wenn gleichzeitig die Zahl der Gemeindeglieder, das hauptamtliche Personal und die Finanzen so stark zurückgehen wie jetzt und wohl in den kommenden Jahren.

Das weniger an Geld, Personal, Ressource schafft und erfordert Veränderung, das wandernde Gottesvolk kommt aufgrund dieser äußeren Veränderungen selbst in Bewegung: Es muss sich zumindest erheben.

Von Kooperation, nachbarschaftlicher bzw. regionaler Zusammenarbeit oder von Fusion ist dann vielerorts die Rede, die allermeisten Gemeinden, so unsere Beobachtung, sind davon in irgendeiner Form betroffen.

Und doch kann man genauso vielerorts beobachten, dass wir in unseren Gemeinden und Kirchen kein Bild haben, um mit dem „weniger“ umzugehen. Man kann den Eindruck bekommen: Wir können nichts loslassen, nichts sein lassen, nichts abgeben, nichts weggeben, nichts einstellen. Wir haben Jahrzehnte ein immer mehr an Aktivitäten, Personalstellen und Gebäuden aufgebaut und jetzt können wir nicht mit dem äußeren Rückgang umgehen. In Beratungs-prozessen von Gemeinden, Dekanaten, Kirchenkreisen aber auch in der Beratung von

Kirchenleitung ist das oftmals der schwierigste Punkt, der schwierigste Fragenkomplex: Was lasst Ihr sein? Welches Angebot gebt Ihr auf? Von welchem Gebäude trennt Ihr Euch?

Ich erlebe haupt-, neben- und ehrenamtliche Mitarbeiterinnen und Mitarbeiter, die völlig außer Puste sind vor lauter Arbeit, aber einen Gemeindekreis einstellen, einen Arbeitsbereich aufgeben, diesen Gedanken darf man mancherorts nicht einmal äußern. Lieber wendet man dort nochmal mehr Energie auf, wird noch atemloser, kommt noch mehr außer Atem.

Folgende Beobachtung ist mir sehr wichtig:

Wir können zwar als Kirche der Gesellschaft wieder zunehmend mehr gute und wichtige Formen der öffentlichen Trauer anbieten und individuell können wir das Sterben so und so gut begleiten und der Trauer dann auch in Liturgien guten Raum geben. Aber auf die Organisation „Kirche“ und auf dort erforderliche Abschiede und Trennungen können wir das oftmals nicht oder nur unzureichend anwenden.

Ich wende diese Beobachtung noch auf ein anderes Phänomen an. In vielen Landeskirchen wird darum gerungen, wie viele Gemeindeglieder eine Pfarrperson zu versorgen, zu begleiten hat. Aber ich meine, dass die Belastung eines Pfarrers, einer Pfarrerin nicht primär davon abhängt, ob er heute 1800 oder 2100 Gemeindeglieder zugewiesen bekommt, sondern ob er, ob die Gemeinde, ob die Kirche ein Bild des Berufs des Pfarrers, der Pfarrerin hat: Für was ist sie zuständig und für was nicht? Was muss er tun, was kann sie lassen? Wo ist die Begrenzung, wo die Abgrenzung? Meine Behauptung ist, dass dort, wo dies nicht klar ist, man auch mit 1600 Gemeindegliedern überlastet sein wird bzw. sich überlastet fühlen wird.

Wer aber heute über Gemeindeentwicklung nachdenkt, wer Visitationen durchführt, wer Kirchengemeinden berät, der sollte immer diesen Punkt mit begleiten, mit bedenken, mit zur Sprache bringen: Liebes wandernde Gottesvolk, Ihr erlebt ein „weniger“ auf bestimmten Feldern. Und das bedeutet für Euren weiteren Weg in diesen Veränderungsprozessen: Ihr lasst auch etwas zurück, Ihr erlebt Trennung, Ihr

erlebt „Abschied nehmen“ neu. Da lebt Trauer, das darf sichtbar werden. Da müsst Ihr mit Begrenzungen fertig werden und die dürfen, müssen auch benannt werden.
Gemeindeentwicklung heißt heute eben auch: Es wird weniger, das wandernde Gottesvolk erhebt sich und muss das „Abschied nehmen“ lernen und leben[14].

zu Beobachtung 2: Es wird anders, das wandernde Gottesvolk orientiert sich neu.
Bei vielen Gemeindeleitungen erleben wir nun aber von innen heraus, dass sie sich neu ihrer jeweiligen Umwelt zuwenden. Sie wollen genauer wissen, wie sich die Gesellschaft, ihr eigener Lebens- und Sozialraum verändert hat und weiter verändern wird, was die Menschen in ihrem Gemeindegebiet beschäftigt. Von demografischer Entwicklung ist da die Rede, von Milieus, die der Kirche nah oder fern stehen, von neuen Formen der Kommunikation und der Gemeinschaftsbildung. In vielen Gemeinden steckt da viel Energie drin. Ich erlebe das als einen ganz starken inneren Antrieb bei vielen in den Gemeinden Engagierten[15].

---

[14] In Veränderungsprozessen ist uns vom IPOS wichtig, dass die Rahmendaten dieser äußeren Veränderungen möglichst klar benannt werden. Dabei ist klar, dass Prognosen immer nur das für die Zukunft beschreiben können, was sich heute schon als Annahme aus der gegenwärtigen Situation und Sicht nahelegt. Unvorhergesehenes lässt sich eben nicht berechnen. Dennoch sind solche Rahmendaten und Annahmen wichtig. Sie wirken wie eine extrinsische Motivation im Bezug auf Veränderungsbereitschaft.
Ich habe in einem kurzen Aufsatz versucht, die Bedeutung eines Dreiecks aus verschiedenartig gespeisten Motivationen in ihrer Bedeutung für Veränderungsprozesse darzustellen, vergl: „Was braucht es, damit Veränderungsprozesse in Gemeinden und Dekanaten möglich werden?“, zu finden auf der homepage des IPOS unter www.ipos-ekhn.de, Rubrik, Gemeindeentwicklung, Gemeindeleitung, Ehrenamt“.
[15] Diese eine Form der intrinsischen Motivation führt zu einer Haltung der Wahrnehmung. In unseren Beratungsprozessen versuchen wir diese Wahrnehmung sehr stark zu befördern, indem dieser Phase erst einmal Zeit geschenkt wird. Menschen ziehen los, informieren sich, machen Rundgänge

Gemeinden schauen sich um: „Geh hinaus auf die Landstraßen und an die Zäune ....." (Lk 14,23), dieses Wort Jesu findet genauso neuen Anklang wie das Wort des Apostel Paulus aus dem 1. Korintherbrief, den Juden ein Jude zu werden und den Griechen ein Grieche[16].
Ich möchte auf drei Beobachtungen in diesem Bereich näher eingehen.

a.) Wer als Gemeinde beginnt, seine Umwelt neu zu betrachten und sich mit der Entwicklung seines Lebensraums näher zu beschäftigen, für den rückt das Schlagwort vom „demografischen Wandel" in ein ganz neues Licht. Erst dann spürt man nämlich, erst dann geht einem wirklich unter die Haut, wie gewaltig die Veränderungen in unserer Gesellschaft, in unseren Städten und vor allem in unseren Gemeinden sein werden bzw. z.T. schon sind. Ich war jüngst in einer Gemeinde, in der heute schon 11% der Gemeindeglieder über 80 Jahre alt sind, heute schon. In 15 Jahren könnte in dieser Gemeinde jedes sechste Gemeindeglied dieses Alter erreicht haben, also 80 Jahre und älter sein. Ich finde das schön. Darüber dürfen wir uns freuen. Aber zugleich fragen sich Gemeindeleitungen dann mit Recht: Wie soll und wird unser Gemeindeleben dann aussehen? Und wie sollen wir uns darauf einstellen?

   Ich habe zwei benachbarte Gemeinden erlebt, die bei ihrem Blick in den Lebens- und Sozialraum festgestellt haben, dass

---

durch ihre Kommune, nehmen neu Kontakt auf zu Vereinen, Verbänden, Unternehmen, Parteien vor Ort. Oder z.B. der Bürgermeister kommt und berichtet aus seiner Sicht über die zu erwartende Entwicklung des Sozial- und Lebensraum.

16 9,[20] Den Juden bin ich geworden wie ein Jude, auf dass ich die Juden gewinne. Denen, die unter dem Gesetz sind, bin ich geworden wie unter dem Gesetz, auf dass ich die, so unter dem Gesetz sind, gewinne.[21] Denen, die ohne Gesetz sind, bin ich wie ohne Gesetz geworden (so ich doch nicht ohne Gesetz bin vor Gott, sondern bin im Gesetz Christi), auf dass ich die, so ohne Gesetz sind, gewinne. [22] Den Schwachen bin ich geworden wie ein Schwacher, auf dass ich die Schwachen gewinne. Ich bin jedermann allerlei geworden, auf dass ich allenthalben ja etliche selig mache.[23] Solches aber tue ich um des Evangeliums willen, auf dass ich sein teilhaftig werde.

sie in gleichem Maße vom demografischen Wandel berührt sein werden. Die eine Gemeinde hat daraufhin ein Projekt „Wohnen im Alter“ auf den Weg gebracht und versucht exemplarisch darzustellen, wie solch ein Wohnen im Alter unter veränderten Familienkonstellationen aussehen könnte. Die Nachbargemeinde dagegen entschied sich, ihren Kindergarten zu einem Familienhaus zu erweitern, um angesichts der abnehmenden Zahl an Kindern und Jugendlichen genau diese Gruppe in der Gemeinde und in der Gesellschaft zu stärken. Sie merken: Dieselbe Ausgangslage gehabt, aber ganz unterschiedliche Entscheidungen getroffen und beide gut begründet und eingefädelt.

Gemeindeentwicklung bedeutet unter diesem Vorzeichen den eigenen Lebens- und Sozialraum neu zu entdecken, sich also neu zu orientieren und dann zu Entscheidungen zu kommen und sie auch gut begründen zu können.

b.) Die zweite Beobachtung zu diesem Punkt beschäftigt sich mit dem Begriff der „Gemeinschaft“. Meine Behauptung ist, dass wir als Kirche da sehr umdenken müssen.

Ich mache Ihnen das an zwei Beispielen deutlich. Ich selbst habe als Gemeindepfarrer vor über zehn Jahren zu einem Familiengottesdienst zu Erntedank mit einem farbigen Bild einer Familie, Vater, Mutter, 2 Kinder auf dem Weg zur Kirche auf der Titelseite des Gemeindebriefs eingeladen. Später habe ich erfahren, dass in meiner Gemeinde weitaus mehr Menschen alleine in ihrem Haushalt leben als es Haushalte mit Kindern gibt. Was mögen diese vielen Alleinlebenden wohl bei diesem Titelbild und dieser Einladung zum Familiengottesdienst gedacht haben? Haben die sich wirklich eingeladen gefühlt?

Und wenn Sie bei diesem Beispiel meine mittlerweile kritische Sichtweise auf meine eigene Art der Einladung selber noch teilen können, dann möchte ich Sie doch noch mit einem zweiten Beispiel konfrontieren.

Haben wir nicht immer noch weithin ein Bild von Gemeinschaft und Gemeinde im Kopf, das allein von dauerhaften, personalen, vor Ort und am Ort stattfindenden Kontakten und Beziehungen geprägt wird? So lebt in unseren Köpfen und Herzen Gemeinschaft. Schon dass viele Gemeindeglieder offenbar gar nicht an allzu vielen Kontakten persönlicher Natur interessiert sind, sondern eher lose Kontakt zu ihrer Kirche halten und halten wollen, stößt bei vielen von uns auf Unverständnis. Es wird aber noch vielfältiger. In den sozialen Netzwerken im Internet tauchen ganz neue Formen von Gemeinschaft auf, die von Menschen genutzt und bespielt werden, die der Kirche, glaubt man den Milieuuntersuchungen, doch eher distanziert gegenüberstehen. Und während wir in der Kirche meinen, dass die Kontakte auf Facebook gar keine „wirklichen" wären, sondern nur „virtuelle", gibt es Menschen, viele junge Menschen vor allem, die diese neue Form der Gemeinschaft als eine Form der Gemeinschaft unter mehreren möglichen gerne leben. Bei vielen gibt es da kein entweder – oder, sondern mehrere nebeneinander stehende und lebende Gemeinschaftsformen.

Die Älteren mögen sich noch an eine Zeit erinnern, da hat man bei uns einmal darüber diskutiert, ob Fernsehgottesdienste wirklich mit dem Gemeinde- und Gemeinschaftsgedanken in Einklang zu bringen wären. Heute betteln wir mitunter darum, dass im Fernsehen noch Gottesdienste übertragen werden.

Und während ich Ihnen diesen Vortrag hier halte, werden auf der Facebook Seite „Gute Besserung für Samuel Koch" – dieser junge Mann ist vor Monaten bei der Fernsehsendung „Wetten dass" verunglückt, möglicherweise wieder Gebete eingestellt werden für eben diesen Samuel Koch. Fast 80000

Menschen haben zu dieser Seite „gefällt mir“ geklickt und wenn Sie sich die vielen Kommentare anschauen, dann werden Sie merken, dass da ganz viel an gelebter Religiosität auch im christlichen Sinne zum Ausdruck, zur Sprache kommt. Gebete, Fürbitten finden sie dort zuhauf, viele von jungen Menschen geschrieben.
Ich kann das Thema wie alle anderen hier nur anreißen, aber meine Beobachtung ist, dass wir unseren Begriff von „Gemeinschaft“ immer neu überdenken müssen. Wer Gemeindeentwicklung betreibt, der muss auch sehen, wie sich der Gemeinschaftsgedanke weiterentwickelt. Verstehen Sie mich nicht falsch, wir müssen nicht jeder Entwicklung hinterherlaufen. Aber die Chancen von Entwicklungen können wir nur dann nutzen, wenn wir begreifen, was sich wie und warum verändert. In jedem Fall: Zu unserem traditionellen Verständnis von Gemeinschaft und damit ein stückweit auch von Gemeinde sind längst andere getreten, aber wir haben bisher nur sehr unzureichend reagiert. Die Wohnortgemeinde, die Parochie ist nach wie vor das gängige Muster Kirche als Organisation und als Gemeinschaftsform zu gestalten. Zaghaft beginnen wir vor allem im städtischen Kontext mitunter zu verwirklichen, dass sich Gemeinschaft auch um Aufgabenstellungen wie Diakonie oder Frömmigkeits-ausprägungen herum evangelisch christlich versammeln und gründen darf. Und ich sage nun, dass wir uns schon weitergehend mit der Frage beschäftigen müssten, wie Gemeinde neue Formen der Gemeinschaft nutzen könnte[17].

---

[17] Mir ist ein Gemeindepfarrer der EKHN bekannt, der bei seinen vielfältigen Kontakten zu Menschen gezielt nach den Mail Adressen der Gesprächspartnerinnen und -partnern fragt. Einmal in der Woche mailt er dann an alle diese Leute einen, seinen Gedanken zum Tag. Auf diese Weise erreicht er über 500 Menschen und Rückmeldungen zeigen ihm, dass seine Gedanken zum Tag bei den unmöglichsten Gelegenheiten gelesen werden. Er meint jedenfalls zu

c.) Die dritte und letzte Beobachtung zu diesem Punkt beschäftigt sich mit dem „Ehrenamt“. Ich will Ihnen auch hier zunächst ein Beispiel erzählen, das mir neulich ein Gemeindepfarrer erzählt hat. In seinem Büro sitzend hörte er wegen der offenen Tür zum Gemeindebüro, dass dort ein Mann hereinkam und sich der Sekretärin als 64 jähriges Gemeindeglied vorstellte. Im kommenden Jahr würde er wie geplant in Ruhestand gehen und sich jetzt schon, ganz vorbildlich, um einen guten Übergang, um eine gute Organisation seines künftigen Lebens kümmern. Er sei ins Pfarramt gekommen, weil er einen kleinen Teil seiner dann „Freizeit“ für einen Dienst in der Gemeinde verwenden wolle. Der mir dies erzählende Gemeindepfarrer stand bei diesen Worten von seinem Schreibtisch auf. Er ging in das Sekretariat und mit strahlendem Blick auf den Mann und einen etwas verstohlenen Blick auf die vielen noch nicht verteilten, im Sekretariat noch herumliegenden Gemeindebriefe sagte er ihm dann, dass man sicher eine wichtige Aufgabe für ihn finden würde. So suche man z.B. zurzeit händeringend nach Austrägern für den Gemeindebrief, den er ja als Gemeindeglied auch bestimmt kennen würde. Daraufhin habe der 64 jährige ihm erwidert: „Wissen Sie Herr Pfarrer, so habe ich mir das eigentlich nicht vorgestellt. Wenn, dann würde ich ihn gerne machen“.

Dieses kleine Beispiel illustriert für mich zunächst sehr gut, wie manche Hauptamtliche in unserer Kirche immer noch über Ehrenamtliche denken. Vielleicht überzeichne ich, aber: Da werden Ehrenamtliche häufig vor allem für Hilfs- und Hintergrunddienste gebraucht: Reinigen, Reparieren, Austragen, Anheften, Zusammenheften usw. Und in Bezug auf Gemeinschaft steht das Betreuen im Mittelpunkt. Da trifft sich also der Seniorenkreis alle zwei Wochen im Gemeindehaus zu

---

wissen, dass dieser Impuls eine z.T. stärkere Aufmerksamkeit bekommt als seine sonntägliche Predigt vor einer zudem viel kleineren Hörerschaft.

einer Tasse Kaffee und einem Stück Kuchen, der Pfarrer erzählt von seinem letzten Urlaub auf Kreta und zeigt ein paar Bilder, früher waren es Dias, heute per Beamer. Ich habe das selbst jahrelang so gemacht. Ich halte das auch nach wie vor für wichtig und richtig, denn die Menschen, die diese Form von Gemeinschaft und Gemeinde wollen und brauchen, die gibt es. Stutzig müssen wir nur über folgendes werden. Mein Seniorenkreis damals wollte nämlich unbedingt, dass ich immer schön im Gottesdienst zu diesem Kreis einladen würde. Der Kreis wurde dann zunehmend traurig darüber, dass die Verstorbenen sich nicht durch neue, jüngere Alte ersetzen ließen. Natürlich war das schon immer so, dass Gemeindekreise einen Hang zu Selbstabgeschlossenheit entwickelt haben. Aber heute kommt noch hinzu, dass die nächste Generation der „Alten" einem ganz anderen Milieu mit doch wesentlich anderen Lebenshaltungen und Lebensstilen entstammt. Platt formuliert, diese Generation will keine Dias über Kreta sehen, den Pfarrer auch nicht darüber reden hören und dabei Kaffee und Kuchen essen. Wie hat mir ein Gemeindepfarrer nach der Besprechung der Milieu Studie über seine Gemeinde mitgeteilt? Die beiden je einwöchigen Erlebnisreisen nach Kreta oder Sizilien oder sonst wohin seien immer in kürzester Zeit voll. Und eine Gemeindereise nur für Väter mit ihren Kindern sei ebenfalls in kurze Zeit ausgebucht gewesen. Er selbst habe damit nun zum erstem Mal eine solche Gemeinschaft in seiner Gemeinde erleben dürfen: Eine Gemeinschaft für eine begrenzte Dauer, aber intensiver als je zuvor. Und wenn Sie bitte die neuesten Untersuchungen über vorhandenes ehrenamtliches, freiwilliges Engagement in unserer Gesellschaft zur Kenntnis nehmen, dann werden Sie merken, dass die jungen Alten, ihre Zahl wird immer größer, in einem hohen Maße bereit sind, sich ehrenamtlich zu engagieren. Aber sie wollen z.B. weder betreut werden, noch sich lebenslang binden müssen. Sie wollen mit und aufgrund ihrer Begabungen und Fähigkeiten einen verantwortlichen Platz finden. Das verändert unsere Gemeinden und viele nehmen das auf und stellen sich darauf ein.

Liebe Schwestern und Brüder, vielleicht merken Sie am Anreißen dieser drei Beobachtungen wie sehr sich unsere Umwelt, unser Lebens- und Sozialraum ändert und wie sehr Gemeinden, die sich damit auseinandersetzen, zu neuer Orientierung kommen. Darum geht es und so erlebe ich das: Es wird anders, das wandernde Gottesvolk orientiert sich neu.

zu Beobachtung 3: Es wird vielfältiger, das wandernde Gottesvolk kommt in Bewegung

Viele Gemeindeleitungen, ganz besonders zu Beginn einer Legislaturperiode, werden stark angetrieben vom Wunsch, die eigenen geistlichen Quellen stärker zum Sprudeln zu bringen und daraus das Gemeindeleben zu gestalten[18]. Glaubenskurse, Fragen nach einem geistlichen Leiten, Fragen nach „Spiritualität“, nach „gelebter Religiosität“ stehen hoch im Kurs. Dabei geht es vielerorts eben nicht vorwiegend um eine Form der Erwachsenenbildungsarbeit, also der Rede über Spiritualität, über den Glauben, über die Religion. Vielmehr geht es um ein spürbar machen, um Leben, um gemeinsames Erleben. Da geht es also um Gottesdienste, um Gottesdienstformen, um alte und neue Liturgie. Da geht es um missionarisches Handeln, das man verstärkt in den Blick nehmen und ausprägen will. Ich mache die Beobachtung, dass viele alte, z.T. zermürbende Fragestellungen dabei wirklich der Vergangenheit angehören. Die frommen Christen auf der einen Seite und die sozial-politisch motivierten Christenmenschen auf der anderen

---

[18] Dies ist die zweite Ausprägung intrinsischer Motivation. Sie führt dazu, das inhaltliche Angebot und die Grundhaltung der eigenen Gemeinde zu überdenken und oftmals neu auszuprägen.

Seite, die sich wechselseitig vor allem ihre Defizite und Einseitigkeiten vorwerfen, das gehört alles zu vorgestern.
Vielmehr geht es vielen und immer mehr Gemeinden darum, z.B. mit Psalm 27 die schönen Gottesdienste des Herrn zu schauen, der Aufforderung aus Römer 12 nachzukommen, sich mit den Fröhlichen zu freuen und mit den Weinenden zu weinen, dem Christus Wort aus Lukas 14: „Kommt, denn es ist alles bereit“ auch zu entsprechen.
Leitbilder der Gemeinden werden gebündelt unter Überschriften wie „Orientierung – Glauben erfahren – Vielfalt erleben – Gemeinschaft finden“[19].
Da kann dann eine Kirchengemeinde als Leitsatz formulieren: „Die Kirchengemeinde will das Vertrauen in Gottes Gegenwart und Zuwendung stärken, Menschen auf der Suche nach Glauben Anregungen geben und so helfen, Spuren Gottes im Leben zu entdecken. Es ist ihre Aufgabe, die Menschen immer wieder an das zu erinnern, was ihnen Halt, Sinn und Trost gibt.“[20]
Viele, viele gelungene Beispiele, Aufbrüche, Prozesse kann man hier benennen. Dabei möchte ich all dieses tatsächlich unter der Überschrift zusammenfassen „Es wird vielfältiger, das wandernde Gottesvolk kommt in Bewegung“[21].
Und eine letzte Ausrichtung möchte ich zum Abschluss noch näher beleuchten, auch um einen Teil meiner Ausführungen damit zu bündeln.
Nicht wenige Gemeinden machen sich heute mit dem Wort aus Matthäus 5,3 auf den Weg und wollen Salz der Erde sein. Sie verstehen dieses Wort dabei als missionarischen Auftrag und verbinden es mit-

---

[19] Evangelische Kirchengemeinde, Lukaskirche Ulm
[20] Evangelische Kirchengemeinde Siegburg.
[21] So kann man z.B. in Ludwigshafen sehen, wie das Jahr mit der Taufe dort von den Gemeinden, übergemeindlichen Diensten und dem Dekanat gemeinsam auf sehr vielfältige Art und Weise aufgenommen wird. Überhaupt kann man immer mehr sehen, dass Jahresthemen eine starke Bedeutung bekommen. Auch unter dem Aspekt des Erlernens eines gemeinsamen Tuns und der Ausprägung eines „Wir-Gefühls“ bekommen diese Jahresthemen Gewicht.

unter mit einem spezifischen diakonischen Interesse[22]. Wenn wir in Deutschland in einigen Jahren bald 4 Millionen pflegebedürftige Menschen haben werden, dann stellt sich für unsere Gesellschaft, aber eben auch und gerade für uns als Kirche die Frage, wie wir das denn gestalten wollen. Ausgangspunkt ist dabei oft die Beobachtung, dass wir zwar gute und professionelle diakonische Träger und Angebote haben, viele Gemeinden die diakonische Arbeit dadurch aber auch als sozusagen ausgelagert und delegiert erleben, das selbst auch so begreifen und dementsprechend leben. Das wirkt dann oft wie eine Trennung in zwei Bereiche, die kaum etwas miteinander zu tun haben. Sie können diese Problematik sehr gut am Verhältnis von Kirchengemeinden und Diakoniestationen, also ambulanter Pflege erleben. Jetzt Gemeinden zu folgen, die gerade hier ansetzen, wissend um die demografische Entwicklung, mit der Überzeugung im Gepäck gerade so „Salz der Erde" und missionarisch tätig zu sein, ist eine herzerfrischende Betätigung.

Bei dieser Form der Gemeindeentwicklung kann man lernen, wie sehr man bei den wirklichen Nöten von Menschen ankommen und ansetzen kann und wie sehr man da gebraucht wird. Da treffen sich im Gemeindehaus pflegende Angehörige von demenzerkrankten Menschen und reden über ihre Eltern, über diese Krankheit, über menschenwürdige Pflege, über das Sterben. Das sind oft 45 – 60 jährige, die lange

---

[22] Ich erlebe diese Gemeinde dabei ganz im Sinne des Programms einer „Öffentlichen Diakonie" in der pluralistischen Gesellschaft von Heinrich Bedford-Strohm, der dieses Modell gegen die Modelle einer Diakonie als „Kontrastgesellschaft" und einer Diakonie als „Gesellschaftsdienst" abgrenzt und dagegen betont: „Das Modell der „öffentlichen Diakonie" verbindet als das klare Zeugnis auf der Basis der eigenen Tradition mit der Ausrichtung auf die pluralistische Gesellschaft als ganze und nimmt damit eine Diakonie in den Blick, die gerade darin zum Salz der Erde werden kann, dass sie die primäre Ausrichtung an der eigenen Identitätssuche hinter sich lässt", H. Bedford-Strohm: „Diakonie in der Perspektive öffentlicher Theologie", in: Von der „Barmherzigkeit" zum „Sozial-Markt". Zur Ökonomisierung der sozialdiakonischen Dienste, Jahrbuch Sozialer Protestantismus, Band 2, Gütersloh 2008, S. 19ff

keinen Weg ins Gemeindehaus gefunden haben und in Zukunft werden immer mehr Menschen von dieser Fragestellung betroffen sein.
Da werden aber auch demenzerkrankte Menschen zusammengebracht und begleitet, auf sie eingegangen, ihnen zugehört, mit ihnen geredet. Auch diese Gruppe von Menschen wird zahlenmäßig deutlich zunehmen.
Bei dieser Form der Gemeindeentwicklung kann man lernen, wie sehr Kirche und ihre Diakonie einander brauchen, um ihrem Auftrag gerecht zu werden. Da verzahnen sich Besuchsdienste von Gemeinden und ambulante Pflege unter Beachtung des Datenschutzes und Kirchengemeinde und Diakoniestation merken, wie gut sie aufeinander verweisen können.
Bei dieser Form der Gemeindeentwicklung kann man sehen, wie eng Verkündigung in Wort und Tat zusammengehören, wie sehr das sonntägliche Wort der Predigt mit der Tat von Christenmenschen auch am Montag zusammenstimmen kann[23].
Jeder hat Recht, der jetzt denkt, dass dies überhaupt nichts Neues sei, richtig. Aber das ist es ja gerade: Eine Gemeindeentwicklung, die sich auf biblische Grundlagen besinnt und von ihr ausgeht, die wird nichts Neues hervorbringen, sondern sich erinnern und besinnen und das schon je und eh notwendige erneut tun.
Ich jedenfalls erlebe das dann so und ich erlebe vor allem, dass für die Gemeindeentwicklung gilt: Es wird vielfältiger, das wandernde Gottesvolk kommt in Bewegung. Hier die Augen füreinander offen zu halten, erweitert Horizonte und lässt einem an den Wegen der anderen Anteil gewinnen. Und nicht zuletzt: Wir dürfen dabei ruhig alle ler-

---

[23] Gerhard Wegner hat deshalb zu Recht gefordert, dass in der EKD Diskussion nicht nur nach Leuchttürmen des Glaubens gefragt wird, sondern z.B. auch nach „Lichtern der Liebe“, vergl. Gerhard Wegner, Ent-täuschte Begeisterung. Diakonie-/Sozialstationen im Spannungsfeld christlicher Nächstenliebe und sozialpolitischer Entwicklungen“, “, in: Von der „Barmherzigkeit“ zum „Sozial-Markt“. Zur Ökonomisierung der sozialdiakonischen Dienste, Jahrbuch Sozialer Protestantismus, Band 2, Gütersloh 2008, S. 114

nen, dass der Neid auf die Anderen nicht die einzige Form praktizierter evangelischer Anerkennung ist. Vielleicht, so meine Hoffnung, breitet sich vielmehr die Freude über- und aneinander aus.
Herzlichen Dank für Ihre Aufmerksamkeit

„Kooperation“ als Weg zur Zukunftssicherung Evangelischer Kirche im Dekanat Rodgau

Vortrag auf der Synode des Dekanats Rodgau
am 25.02.2012 in Rödermark

Liebe Schwestern und Brüder, meine sehr geehrten Damen und Herren,

der dreieinige Gott meint es gut mit seiner Kirche. Mit diesem Satz möchte ich gerne anfangen. Der dreieinige Gott meint es gut mit seiner Kirche.
Weltweit werden im Durchschnitt jeden Tag 83000 Menschen auf eben diesen dreieinigen Gott getauft und das in hunderten von verschiedenen christlichen Kirchen und Ausprägungen. Diese Zahl von 83000 ist größer als bei jeder anderen Religion weltweit. Und wenn ich den Blick schon ganz weit aufmache, dann möchte ich noch auf eine andere interessante Veränderung hinweisen. Seit dem Beginn des 21. Jahrhunderts nimmt die Zahl der Atheisten und der Agnostiker weltweit mit jedem Jahr ab. Das hat u.a. mit dem Zusammenbruch der kommunistischen Staaten im Osten Europas zu tun und verblüfft dennoch. Aus unserer Binnenperspektive heraus kommen wir doch in der Mitte Europas zu ganz anderen Erkenntnissen. Und gerade deshalb finde ich es wichtig, dass am Anfang eines Vortrags über die Zukunftssicherung Evangelischer Kirche steht: Der dreieinige Gott meint es gut mit seiner Kirche. Und dabei möchte ich gar nicht so sehr auf Zahlen schauen, sondern vor allem davon ausgehen und darauf hinweisen, dass die Zukunft der Kirche niemals durch menschliches Tun zu sichern ist. Gott ruft Menschen zum Glauben und zur Taufe und keine menschliche Anstrengung kann und wird das je ersetzen oder sichern können. Das markiert die Grenze all unseres Tuns und ich bitte Sie, bei allen meinen weiteren Ausführungen diese Grenze mit zu

hören: Gottes Handeln sichert Gegenwart und Zukunft seiner Kirche und nicht wir Menschen.

Wenn man nun aber diese Grenze immer im Auge behält, so darf man dann zu einer weiteren Aussage kommen, die auch im Mittelpunkt meiner folgenden Ausführungen stehen soll.
Kirche war und ist nicht einfach eine Organisation wie jede andere, aber von Anbeginn an gilt: Kirche hat eine Organisation. Kirche hat eine irdische Gestalt und die will organisiert sein.
Und indem ich sage, dass Kirche nicht einfach eine Organisation ist, sondern Kirche eine Organisation hat, so will ich damit auch sprachlich andeuten, dass Kirche sich ihren Auftrag nicht selber gibt, sondern von einem göttlichen Auftrag her lebt.
Ob Sie diesen Auftrag vor allem im sogenannten Tauf- und Missionsbefehl in Matthäus 28 ausgedrückt finden: *„Darum gehet hin und machet zu Jüngern alle Völker. Taufet sie auf den Namen des Vaters und des Sohnes und des Heiligen Geistes und lehret sie halten alles, was ich euch befohlen habe"*, oder ob sie lieber mit den Worten aus dem 1. Timotheusbrief 2,4 formulieren, wonach Gott will *"dass allen Menschen geholfen werde und sie zur Erkenntnis der Wahrheit kommen"*, unsere Kirche hat einen gottgegebenen Auftrag und ist deshalb nicht einfach dieser Welt gleich und deshalb ist sie auch nicht eine Organisation wie jede andere.

Aber eben, und das gilt auch von Anbeginn an: Die Kirche hat eine Organisation. Selbst die aus Ägypten fliehende Mose Schar machte die Erfahrung, dass eine Gemeinschaft von Menschen eine Organisationstruktur braucht. Im 4. Buch Mose hören wir die herrlichen Sätze: *„Und der HERR sprach zu Mose: Sammle mir siebzig Männer unter den Ältesten Israels, von denen du weißt, dass sie Älteste im Volk und seine Amtleute sind, und nimm sie vor die Hütte des Stifts und stelle sie daselbst vor dich, so will ich hernieder kommen und mit dir daselbst reden und von deinem Geist, der auf dir ist, nehmen und auf sie*

legen, dass sie mit dir die Last des Volkes tragen, dass du nicht allein tragest."
Eben genau davon will ich reden und darüber müssen wir reden: Wie organisieren wir Gemeinschaft? Wer ist für was zuständig? Welche Ressourcen haben wir?
Von Anbeginn der Kirche an haben Fragen wie diese die Weiterentwicklung von Kirche begleitet.
Ich drücke es nochmals anders aus: Wie die Kirche ihren von Gott gegebenen Auftrag umzusetzen versucht, das hat sie in jeder Zeit neu bedenken und gestalten müssen. Sie hat dabei hoffentlich immer viel gebetet und immer neu in die Bibel geschaut. Aber sie hat sich immer auch an dem orientieren müssen, was in jeder Zeit an den verschiedenen Orten zur Verfügung gestanden hat. Und genauso hat sie wahrzunehmen, mit welchen Menschen, Lebenseinstellungen, Prägungen und Kulturen sie in Beziehung steht. Kirche hat eine Organisation und sie muss sich immer neu fragen, wie sehr die je existierende Organisationsform hilft, den göttlichen Auftrag zu erfüllen und ob sie verantwortlich mit den je zur Verfügung stehenden Ressourcen umgeht.
Und genau darin liegen nun auch die Herausforderungen der kommenden Jahre. Was ist, was wird aus den Ressourcen? Wie gehen wir mit den eingetretenen bzw. sich abzeichnenden Veränderungen um?
Als ich schon einige Jahre Gemeindepfarrer in Mannheim, badische Landeskirche, war, da hat mein Kollege an dieser Kirche die Stelle gewechselt und ich hatte eine Vakanzsituation mit zu tragen. Ich weiß noch gut, wie mein damaliger Dekan mir sagte: „Kopf hoch, andere sind noch schlechter dran". Ich habe diesen Satz weder als einen Glanzpunkt von Führungshandeln in der Kirche empfunden und noch viel weniger als Ausweis von seelsorgerlicher Kompetenz. Und als dann auch noch die in den Ruhestand gehende Gemeindepädagogin vor Ort nicht mehr ersetzt wurde, da war ich richtig sauer. Ich bin dann einige Zeit später Dekan in Heidelberg geworden, auch badische Landeskirche, und hatte dort einen Beschluss der Landessynode um-

zusetzen, wonach innerhalb von sechs Jahren 25% aller Gemeindepfarrstellen zu streichen sein würden. Diese Kürzungsrunde war im Jahr 2004 vollzogen, aber bestimmte Verletzungen sind dort bis heute noch deutlich spürbar. Ich erzähle Ihnen das hier, weil die Diskussion um die Pfarrstellenbemessung in der EKHN über einen allerdings viel längeren Zeitraum gesehen zu ähnlichen Veränderungen und Einschnitten führen wird und Sie ja auch in der Vergangenheit schon Kürzungen zu verkraften gehabt haben.
Die Organisationsstruktur von Kirche in Hessen und Nassau wird sich wandeln und zwar tiefgreifend, weil wir weniger Gemeindeglieder haben werden, weniger Finanzmittel, weniger hauptamtliches Personal. Und seitdem ich in der Kirche tätig bin, als Gemeindepfarrer, als Dekan und nun seit einigen Jahren als Organisationsberater erlebe ich immer dieselben Verhaltensmuster, die dann Platz greifen.
Die einen gehen in eine Art Verweigerungshaltung, denken sich, „so ein Mist, die da oben können mich mal, die sollen mich in Ruhe lassen, ich will davon nichts hören, ich mache meine Arbeit wie immer“. Da gibt es auch nicht wenige, die innerlich gegenüber ihrem Arbeitgeber „Kirche“ kündigen, sie sind gekränkt, sauer, enttäuscht.
Und dann gibt es z.B. in Kirchenvorständen auch die Reaktion, „ok, es wird weniger, aber wir gleichen das aus. Wir krempeln die Ärmel hoch, wir packen an, wir werden mehr Spenden bekommen, wir werden alle noch etwas mehr machen“, obwohl alle schon randvoll und zugedeckt mit Arbeit sind. Das geht oft eine Zeit lang gut und dann kehrt mitunter plötzlich tiefe Frustration ein.
Liebe Schwestern und Brüder, ich karikiere hier und spitze zu. Vielleicht ist es bei Ihnen auch ganz anders, aber ich erlebe das aus meiner Perspektive durchaus häufig so wie ich es eben geschildert habe.
Ich erzähle Ihnen noch ein Beispiel aus einem Veränderungsprozess in einer anderen Landeskirche. Dort geht es um erhebliche Einsparungen an Pfarrstellen und auch an Finanzmittel und Gebäuden. Bei einer Zusammenkunft der Pfarrerinnen und Pfarrer des Dekanats haben wir die Kolleginnen und Kollegen gebeten, sich zu Äußerungen von

Psalmen aus der Bibel so hinzustellen wie sie es gerade in ihrer beruflichen Situation empfinden würden. Und siehe da, es gab einige Kollegen, die stellten sich zu Sätzen aus den Psalmen, die vor allem Wut, Verbitterung, Hoffnungslosigkeit ausdrückten. Die Mehrzahl der Kolleginnen und Kollegen stand allerdings bei Sätzen, die voller Vertrauen und Zutrauen waren, die ausdrückten, dass das Schlimmste schon hinter uns liegen würde, man käme mit der neuen Situation schon zurecht. Wissen Sie, was ein Jahr später feststellbar war? Die Kolleginnen und Kollegen, die zuvor noch voller Wut, Verbitterung und sogar Hoffnungslosigkeit waren, waren in ihrer Gemeindeentwicklung viel weiter vorangekommen als die anderen. Sie hatten sich nämlich zusammengesetzt und sich überlegt, wie sie gemeinsam (!!!) die Situation angehen könnten. Andere dagegen sind wieder in ihre Gemeinden gefahren, haben an ihrem Ort oftmals als Einzelkämpfer weiter gearbeitet, sich z.T. mehr aufgeladen und kamen sich bald vor wie in einem Hamsterrad, das sich immer schneller dreht.
Erlebnisse wie diese sind es, die mich, die uns im Institut zu der Einsicht bringen, dass wir gerade in der jetzigen Situation das Thema „Kooperation" verstärkt in den Blick nehmen sollten.
Ich verbinde mit diesem Begriff „Kooperation" völlig unterschiedliche Motivationen und sieben davon möchte ich Ihnen kurz vorstellen. Sie bekommen Sie übrigens nachher als Stichworte auf einem Blatt ausgeteilt.

1.) Ich komme nochmals auf Mose zu sprechen. Der arme Kerl war überfordert, er konnte nicht mehr. Er hatte sich zu viel aufgeladen, er hat zu viel aufgeladen bekommen. Und was passiert? Er soll seine Aufgaben teilen, aufteilen, mit anderen zusammenarbeiten, sich absprechen, eben kooperieren. Kooperation kann helfen, sich vor Überforderung und Überlastung zu schützen und zwar haupt-, neben- und ehrenamtlich tätige Menschen.
2.) Ich rede nochmals von mir selbst. Als Pfarrer habe ich immer darunter gelitten, dass wir eigentlich alle Bereiche von Ge-

meindearbeit gleich gerne und auch gleich gut leisten sollen. Für mich ist das eine reine Fiktion. Niemand macht alle Bereiche einer Arbeit gleich gerne und gleich gut, ich jedenfalls nicht. Machst Du die Seniorenarbeit, ich übernehme dafür Deine Konfirmanden? Gehst Du für mich in den Altenheimgottesdienst, ich würde lieber den Krabbelgottesdienst dauerhaft übernehmen? Kooperation kann dazu führen, dass man eigene Begabungen besser und häufiger einsetzen, leben, ausprobieren darf.

3.) Eine Gemeinde klagt bei uns darüber, dass sie einen tollen Jugendgottesdienst organisieren würde, aber die Jugend dennoch nicht komme. Und dann schauen Sie sich das Kirchengebäude an, die starren Bänke, die bis kurz vor den eh zu kleinen Altarraum gehen und vieles andere mehr, von dem man ahnen kann, dass es einem Gottesdienst in anderer Gestalt zuwiderläuft. Und im Nachbarort steht ein Gemeindezentrum mit ganz anderen Gestaltungsmöglichkeit, aber eben mit dem riesigen Nachteil: es steht im Nachbarort. Kooperation kann helfen, Ressourcen wesentlich effektiver zu nutzen. Wir selber können nicht alles gleich gut und unsere Gebäude z.B. sind auch nicht für alles gleichermaßen geeignet.

4.) In immer mehr Gemeinden finden sich kaum mehr Menschen, die gerne und regelmäßig im Kirchenchor singen. Das ist beim kleinen Umtrunk nach der Probe oftmals ganz schön frustrierend: „Wir werden immer weniger, das macht doch keinen Spaß mehr, wir getrauen uns ja gar nicht mehr im Gottesdienst zu singen“.

Und wenn dann im Gottesdienst vom Chor gesungen wird, dann denken manche Anwesende wehmütig an früher zurück: „Das klang vor 10 Jahren aber noch anders“.

Und dann geht man zaghaft auf die Nachbargemeinde zu und fragt an, ob man denn nicht mal ein Stück gemeinsam einstudieren und auch gemeinsam singen könne. Und siehe, das anfängliche Zögern und die Vorbehalte verschwinden, denn es macht Spaß und Freude jetzt wieder in einem größeren Kreis zu stehen. Kooperation, so die Erfahrung, kann sehr wohl Spaß und Freude machen und zudem noch die Qualität des Tuns, in dem Fall des Singens, verbessern. Prima.

5.) Schon innerhalb einer Gemeinde ist Kooperation eine ganz wichtige Fragestellung, denn wir alle müssen uns immer mehr damit auseinandersetzen, was uns als Gemeinde, als Gemeinschaft eigentlich zusammenhält. Ich war neulich in einer Gemeinde, die seit einigen Jahren immer an einem Samstag im Jahr alle Gruppen und Kreise der Gemeinde zu einem Frühjahrsputztag einlädt. Vom Freigelände der Kindertagesstätte über die Jugendräume bis hin zum Posaunenchorraum, es wird alles geputzt. Das Besondere daran aber ist, dass die Putzkolonnen sich morgens zu einem gemeinsam Frühstück treffen und dann bunt gemischt werden. Beim letzten Mal haben übrigens Teile der Konfirmandengruppen, der Jungbläser und des Seniorenkreises am Ende für alle gekocht und dann hat man sich beim Essen gleich auf den Termin für dieses Jahr verständigt, mit Frühstück und Mittagessen als Anfang und Abschluss. Kooperation vertieft Gemeinschaft, dafür steht dieses Beispiel

6.) Kooperationen schaffen aber auch neue Verbindungslinien hin zur Schule, zum Sportverein, zur Freiwilligen Feuerwehr. Mir geht dieses Beispiel nicht mehr aus dem Kopf wie eine Frau in einem Gemeindesaal saß und am Ende einer Gesprächsrunde sagte, dass sie so froh sei, gekommen zu sein. Hintergrund: Die örtliche Diakoniestation hatte den Kirchenvorstand der Gemeinde angefragt, ob man denn im Gemeindehaus eine Angehörigen gruppe von Demenzerkrankten anbieten könne, in der Diakoniestation habe man dafür keine Räume. Kooperation stärkt Beziehungen und gemeinsam mit Partnern wie der Diakonie können wir unseren Aufgaben als Kirche durchaus eher nachkommen.

7.) Ist Ihnen manchmal auch unklar für was das Dekanat, kirchliche Einrichtungen, Fach- und Profilstellen eigentlich zuständig sind? Probieren Sie es aus, so lautet die angemessene Antwort, probieren Sie es so aus, dass Sie in die Kooperation gehen, wechselseitig. Kooperationen klären Zuständigkeiten und Verantwortlichkeiten, das ist wichtig für Innen und Außen

Diese Liste ist nicht vollständig, aber vielleicht merken Sie schon, dass es völlig unterschiedliche Gründe und Motive geben kann und geben darf, warum man in Kooperationen geht, mit wem man kooperieren will und auf welchem Feld. Das ist in der Sache so angelegt. Kooperationen lassen sich nicht verordnen, sie wachsen, sie werden gewagt, sie werden angefragt und entwickelt, ganz bunt, ganz vielfältig.

Die Behauptung ist nun, dass besonders in Zeiten, in denen die äußeren Ressourcen abnehmen, die Kräfte der Kooperation zunehmen sollten. Das hilft, die anstehenden Veränderungen zu bewältigen, sich auf neue, äußere Strukturen besser einzustellen. Kooperation löst nicht alle Probleme, keineswegs. Aber es erhöht die eigene Beweglichkeit, es vergrößert die eigenen Einflussmöglichkeiten in Veränderungsprozessen. Wenn äußere Ressourcen abnehmen, dann ist man klug beraten, die eigene Spiel- und Handlungsräume zu erweitern, darum geht es. Und das braucht Zeit, das geht nicht von heute auf morgen. Aber Sie fangen ja auch nicht bei null an.

In Ihrem Dekanat, ich habe das an verschiedenen Ecken und Enden schon mitbekommen, gibt es schon ganz, ganz viele Kooperationen und Kooperationserfahrungen. Und es gibt nichts Besseres als mit solchen Erfahrungen vor Ort anzufangen und sie unters interessierte Volk zu bringen. Und genauso soll es am 3. Mai auch sein, wenn wir abends einladen, sich um 10 Tische zu versammeln auf denen eben 10 verschiedene Gebiete angedeutet werden, auf denen Kooperationen in der Kirche möglich sind. Sie, mit Ihren Erfahrungen sind aufgerufen, diese Tische mit ihren Inhalten zu füllen. Das wird ein ganz lebendiger Austausch über das werden, was bei Ihnen an Kooperationen schon vielfältig lebt.

Ich will Ihnen aber auch noch sagen, was Kooperationen vielfältig entgegensteht.

Wissen Sie, was ich in der Evangelischen Kirche selten erlebe? Echte Freude z.B. über den Erfolg eines anderen Pfarrers oder z.B. einer anderen Gemeinde. Ein durchaus bekannter Mensch der EKHN pflegt dazu immer wieder zu sagen, Neid sei die einzige Form evangelischer Anerkennung. Stimmt dieser Satz? Ich kann das nicht beurteilen, aber ich habe schon häufiger erlebt und gehört, dass man sich z.B. nicht darüber freuen kann, wenn ein Kollege mit einem tollen Projekt in der Lokalpresse gewürdigt wird oder eine Gemeinde wegen einer besonderen Initiative besonders herausgehoben wird. Ich will da ganz vorsichtig sein und gar keine These dazu aufstellen, aber fragen Sie sich doch einmal selbst, ob wir in der Kirche ein gewisses Problem mit dieser Art der Freude, der Anerkennung, der Wertschätzung und Würdigung haben. Und wenn ich diese Begriffe schon gebrauche, dann würde ich gerne weiter formulieren, dass viele haupt-, neben- und ehrenamtlich tätige Personen immer wieder genau darüber klagen: Mir wird von anderen keine Wertschätzung entgegengebracht, meine Arbeit in der Gemeinde wird nicht gesehen, da gibt es kein Lob, das wird alles als selbstverständlich angesehen. Bei uns im IPOS ist der zentrale Konfliktauftrag der EKHN angesiedelt und wir bekommen deshalb mit, dass in vielen Konflikten in unserer Kirche hier ein Kern liegt: man fühlt sich nicht wahr- und ernst genommen, nicht ausreichend respektiert und gewürdigt.

Wenn sich dieses Dekanat in diesem Jahr aber dem Thema „Kooperation“ verstärkt zuwendet, dann geht es auch genau darum:

Gemeinden, Menschen in und mit ihrer Arbeit wahrzunehmen und zu würdigen, ja, einzuüben, sich mit anderen über gelingende Projekte an anderer Stelle zu freuen. Den Spruch aus dem Römerbrief: „Freut euch mit den Fröhlichen und weint mit den Weinenden“ (Römer 15,4), den dürfen wir nach beiden Seiten hin leben und das will eingeübt sein.

Ich will noch zwei abschließende Hinweise geben, die die Wichtigkeit des Themas „Kooperation“ unterstreichen mögen.
Seit einigen Jahren findet in der Neurobiologie ein interessanter Streit statt. Vor allem Professor Joachim Bauer (nicht verwandt mit mir) betont dabei, dass die moderne Hirnforschung belege, dass nicht Kampf und Aggression, sondern der Wunsch nach Kooperation und sozialer Akzeptanz die wichtigsten menschlichen Grundmotivationen seien. In dem Blatt, das Sie gleich verteilt bekommen, habe ich Ihnen einen Literaturtipp dazu mit auf den Weg gegeben. Es ist für mich faszinierend, was sich im Gehirn abzuspielen scheint, wenn Menschen, und zwar von Anbeginn ihres Lebens an, in Kooperationen gehen. Es ist ein Feuerwerk an wichtigen Botenstoffen, das dabei angeblich entzündet wird, Netzwerke im Gehirn werden angelegt und ausgebaut, es ist eine Aufbauarbeit im Inneren unserer Körper, wenn wir draußen Gemeinschaft, soziale Beziehungen, eben Zusammenhänge aufbauen. Die Gegenseite, gegen die sich seine Ausführungen wenden, ist klar aufgestellt, kommt u.a. von Darwin her und klingt holzschnittartig verkürzt etwa so: Das Wesen des Menschen sei von Natur aus auf Konflikt und Kampf angelegt. Und folgerichtig wird dort das Konkurrenzdenken als Antrieb des Lebens dargestellt. Unter Neurobiologen beginnt sich nun aber die Erkenntnis durchzusetzen, dass das ursprüngliche Leitmotiv menschlichen Handelns eben nicht Konkurrenz ist, sondern ganz im Gegenteil Kooperation – in der Terminologie Joachim Bauers: "Kern aller menschlichen Motivation ist es, zwischenmenschliche Anerkennung, Wertschät-

zung, Zuwendung oder Zuneigung zu finden und zu geben." Das Konkurrenzmotiv wäre demnach eben nicht Ausdruck der primären Natur des Menschen, sondern im Gegenteil das Ergebnis einer Störung derselben!
Ich will es bei diesen wenigen Bemerkungen belassen, Sie können das ja gerne weiter vertiefen. Vielleicht merken Sie, wie wichtig dieses Thema „Kooperation“ in vielen anderen Bezügen in letzter Zeit geworden ist, da steht wahrlich viel auf dem Spiel.
Und mein letzter Hinweis: Ich erzähle Ihnen das alles vor dem Hintergrund eines Gottes an den ich glaube, der, so hat es der Theologe Karl Barth formuliert, nicht anders ist als in drei „Seinsweisen“ als Vater, Sohn und Heiliger Geist, als Schöpfer, Versöhner und Erlöser. Karl Barth, der Schweizer Theologe, hat die Lehre von der Trinität, von den drei Seinsweisen Gottes an den Anfang seiner Dogmatik gestellt. Von diesem Glaubensbekenntnis kommen wir her. Und dieses Glaubensbekenntnis schließt ja ein, dass Gottes Wirklichkeit in sich bereits eine in drei Seinsweisen ist. Ja, ich weiß, das ist ein wahrhaftiges Mysterium des Glaubens und mit Sicherheit die am schwierigsten zu beschreibende Form der Kooperation und sie zu leben, das überlassen wir getrost unserem Gott. Mir würde es schon reichen, wenn dieser kleine abschließende Verweis auf den Kern unseres Glaubens noch mehr ermutigen würde, hier im Dekanat Rodgau sich frohgemut daran zu machen, vorhandene Kooperationen weiter auszubauen und Neue aufzubauen. In jedem Fall scheinen wir in guter Gesellschaft zu sein. Umso sicherer bin ich mir, dass es sich lohnen wird, diese Thematik gut zu bedenken.

Herzlichen Dank für Ihre Aufmerksamkeit

„Weniger ist mehr“

Impulse
beim Podium des Zukunftskongresses
der Ev.-Luth. Kirche in Oldenburg am 7. Juli 2012

Liebe Anwesende,
weniger ist mehr und weil dem so ist, möchte ich Ihnen nur fünf Kernaussagen näherbringen, die ich jeweils kurz entfalten möchte. Dabei halte ich mich bei den ersten drei Punkten sehr kurz, um dann etwas mehr Zeit für die letzten beiden Punkte zu haben. Das Thema verdichtet sich da und wird komplexer.

„Weniger ist mehr“ kann heißen:

Wir treffen eine kluge Auswahl und gewinnen dabei an Tiefe.
Wir konzentrieren uns auf unsere Begabungen.
Wir gewinnen für uns selbst und andere eine neue Orientierung.
Wir gewinnen inmitten aller Veränderungen eine neue Beweglichkeit.
Wir trauern, um uns dann auch wieder zu trauen.

Wenn Sie – hoffentlich – sehr bald in Urlaub fahren und dabei z.B. auch eine Stadtbesichtigung auf Ihrem Plan steht, dann verfahren Sie hoffentlich nach diesem Motto: Weniger ist mehr. Nicht fünf Museen im Eiltempo abklappern und sich dann erst anhand der Fotos zuhause vergewissern, was man eigentlich gesehen hat. Die Kunst besteht darin, vorher eine kluge Auswahl zu treffen, sich auf ein Museum zu konzentrieren, dieses aber in Ruhe wahrnehmen zu können und so und dabei tiefere Eindrücke zu gewinnen.
Natürlich, für eine Gemeinde bedeutet dieses Vorgehen, sich freizumachen von der Haltung, alles immer anbieten zu müssen. Das fällt wahrlich schwer. Auf der anderen Seite aber steht, dass es allein schon gut tut, in ein Gespräch einzusteigen mit der Thematik: Wo wollen

wir denn eigentlich wie in die Tiefe gehen? Wie können wir eine kluge Auswahl treffen?
Und wenn Sie denn schon auf diesem Weg sind, dann könnte ein ganz wichtiger Maßstab sein: Wo liegen unsere Begabungen? Der Pfarrberuf ist in der Theorie und Praxis mit allround Phantasien belegt. Eine Pfarrerin, ein Pfarrer soll eigentlich alles können. Von der Kinder- und Jugendarbeit bis hin zur Seniorenarbeit, vom Predigen bis hin zum Verwaltungsdienstleister, eine Pfarrerin, ein Pfarrer kann alles. Kennen Sie eine Person, die alles kann? „Weniger ist mehr" bedeutet die Chance, sich auf seine Begabungen konzentrieren zu können. Das verbessert übrigens für gewöhnlich auch die, schwieriges Wort in der Kirche, Qualität. „Ich mache für Dich den Konfirmandenunterricht mit und dafür konzentrierst Du Dich mehr auf die Besuchsarbeit". „Mir liegt der sonntägliche Predigtgottesdienst mehr und ich bin froh darüber, dass Du den Krabbelgottesdienst mit den Kleinen gerne machst". So klingt das, wenn man nach Begabungen geht. Und es geht gar nicht nur um die persönliche Begabung. Ebenso können die Möglichkeiten eines Gebäudes besser herausgestellt werden oder eher auf die spezifischen Sozialräume einer Kommune eingegangen werden.
Wenn Sie sich so konzentrieren, dann gewinnen Sie für sich und andere etwas in unserer Zeit ganz wichtiges: Orientierung. Vor der Europameisterschaft wollte ich mir einen neuen Fernseher kaufen. Voller Elan lief ich in einen großen Elektronikladen, stand bald völlig erstarrt vor gefühlt hunderten von gleich aussehenden TV Geräten, war völlig verwirrt und verließ kurze Zeit später ohne Kauf das Geschäft. Inmitten der vielen Geräte hatte ich die Orientierung verloren und damit auch die Fähigkeit mich zu entscheiden.
Wie ist es nun, wenn unsere Gemeinden sich jeweils auf ein weniger konzentrieren und dabei aber wechselseitig kräftig Werbung füreinander machen. Sie suchen junge Familientreffs samt Krabbelgottesdienst? Da können Sie in die Gemeinde gehen. Sie suchen Gottesdienste mit moderner Musik? Da gehen Sie doch dahin. Sie wollen ein Requiem hören? Da sind Sie in der Kirche richtig. Was ich meine ist,

dass Gemeinden dann jeweils für einen bestimmten Inhalt stehen und es den Leuten leichter fallen wird, sich zu orientieren.
Ich komme schon zum vierten Satz. Bei Zukunftswerkstätten, Ideenbörsen, bei unserer Beratungsarbeit mit den Verantwortlichen einer Gemeinde erleben wir, wie viele tolle Anregungen und Ideen dort geboren bzw. vorstellbar werden. Da ist ganz viel Musik dahinter und das macht große Freude. Fast immer aber kommt es dann zu folgendem Wortbeitrag: „Das ist ja alles ganz schön und gut und würde mir auch gefallen, aber wer soll das denn jetzt auch noch machen?“ An dieser Stelle verändert sich meist die Atmosphäre. Die Energie verschwindet bzw. wandelt sich um in Frustration. Die Schultern hängen, Haupt- und Ehrenamtliche müssen ja schon so viel tragen. Die, die engagiert sind, sind oft an der Grenze der Belastbarkeit. Das, was eigentlich Spaß machen sollte, wird dann oft auch und vor allem als Last empfunden. Liebe Anwesende, es gehört mit zu den schwierigsten Wegstrecken, an dieser Stelle um eine neue Beweglichkeit zu ringen. Sie entsteht im Kern vor allem dadurch, dass man mutig benennt, was man von der bisherigen Arbeit auch sein lassen könnte, um Kraft und Zeit zu gewinnen, eine neue Idee anzugehen. Uns ist dabei ganz wichtig, dass Gemeinden an dieser Stelle auch den Mut fassen, wenigstens in eine Erprobung einzusteigen. Für eine Zeitlang wird ein Angebot eingestellt und dafür etwas anderes ausprobiert. Von vornherein wird festgelegt, wer und wann man schauen will, ob die neue Idee tatsächlich dauerhaft oder für einen längeren Zeitraum Bestand haben darf oder ob man wieder zu dem alten Zustand zurückkehren will. Solche neuen Balancen sind ganz wichtig. Noch mal: Wenn sich eine Gemeindeleitung immer nur Neues auflädt, dann läuft sie ganz schnell Gefahr, dass sie insgesamt erlahmt, die Lasten nicht mehr tragen kann. Neue Beweglichkeit gewinne ich, indem ich auf der anderen Seite wenigstens zeitweise auch etwas wegnehme, einstelle, beende (der andere Weg, nämlich die Gewinnung neuer Mitarbeitenden, soll hier nur kurz benannt, aber nicht ausgeführt werden).

Indem ich von dieser Balance zwischen neuen Ideen und Traditionen und Gepflogenheiten rede, bin ich schon ganz nah bei dem schwierigsten Thema im Zusammenhang des „Weniger ist mehr". Tatsache ist, dass die Kirche, dass eben auch viele Gemeinden vor Ort sich den bisherigen Zustand in manchen Bereichen zukünftig nicht mehr werden leisten können. Vor allem auch der demografische Wandel sorgt für zurückgehende Gemeindegliederzahlen, damit einhergehend eine zurückgehende Finanzkraft, weniger Hauptamtliche, zu teure Bauunterhaltungen usw. „Weniger ist mehr" heißt heute für so manche Gemeinde, wir müssen uns von unserem Gemeindehaus trennen, im schlimmsten Fall steht sogar das Kirchengebäude auf der Kippe. Liebe Anwesende, in solchen Momenten erleben wir, dass sich Trauer einstellt und ausbreitet und zwar nicht nur in der sogenannten Kerngemeinde, sondern bei vielen Menschen z.B. eines Dorfes: „Was, die wollen die Kirche verkaufen, in der ich getauft, konfirmiert und getraut wurde, das geht doch nicht". Und an dieser Stelle passiert dann oft genau dasselbe wie bei individueller Trauer: sie darf nicht oder nur sehr begrenzt gelebt werden. Sie merken vielleicht, wie sehr sich unsere Thematik nun verdichtet. Ich möchte aber ganz bewusst hier folgender These Gehör verschaffen: Nur wer trauert, der wird sich auch wieder trauen, später, irgendwann. Ja, ich weiß, dass es auch Verletzungen im Leben gibt, die verheilen nie und doch erleben wir in Beratungsprozessen, dass tiefe und durchlebte Trauer über den Verlust eines Gemeindehauses, einer Personalstelle dazu führen kann, dass man durch die Trauer hindurchgehend sich dann auch wieder als Gemeinde traut zu leben. Dabei gilt dasselbe wie bei der individuellen Trauer: Sie ist unterschiedlich: lange, kürzer, laut, leise, stumm, verzweifelt, aufbegehrend, aggressiv, resignativ, vorwurfsvoll … . Nein, da passt eigentlich kein Schema, Trauer ist sehr unterschiedlich.
Und nun frage ich Sie, wo darf diese Trauer in unseren Veränderungsprozessen leben, geäußert werden, vorkommen? Und damit spüren Sie, dass ich sehr das Wort dafür erheben möchte, in Veränderungsprozessen Räume und Zeiten für Formen der Trauer zu schaffen. Die

Klagepsalmen der Bibel bieten uns ihre Sprache an und schauen Sie doch mal, wie sehr in der Bibel Veränderungen auch von Phasen und Ausdrücken der Trauer begleitet werden. Das darf sein, dass muss sogar sein, damit wir durch die Trauer hindurchgehend uns wieder trauen. Ich habe schon erlebt, dass mitten in einer hitzigen sogenannten Sachdiskussion über die Finanzierbarkeit eines Gemeindehauses die Aussage eines Debattenteilnehmers sehr viel verändert hat. Unvermittelt hat er an einer Stelle einfach gesagt: „Ich bin total traurig und wütend über diese Situation und weiß gar nicht wohin damit“. Da konnte dann nicht mehr weiter diskutiert werden, die Sachebene war – Gott sei Dank – verlassen. Und dann wurde gesungen, eine gute halbe Stunde wurden Gesangbuchlieder gesungen. Viele sangen mit, andere hörten zu. Und als bei der Suche nach dem nächsten Lied mitten hinein eine Stimme sagte: „Ich fühle mich wie auf einer Beerdigung“, da rief eine Frau: „Aber die brauchen wir doch auch, um weiterleben zu können“. Ich habe diesen Moment als außerordentlich dicht erlebt und ich habe erlebt, was uns als Kirche auszeichnet. Wir sind diejenigen, die mit Leben **und** Tod, die mit Freude **und** Leid umgehen können und die vor allem auch um den Zusammenhang zwischen beiden wissen. Ich finde, dass man uns das auch dann anmerken darf, wenn wir als Gemeinde und Kirche selbst davon betroffen sind. Wir dürfen unserer Trauer Zeit und Raum geben, um uns danach wieder neu zu trauen.

Gemeindeentwicklung

„Hoffnungsvoll unterwegs“ – Ergebnis der Konsultation „Gemeindeentwicklung in der EKHN“

Leitungskreis:
Steffen Bauer, IPOS
Edith Höll, Ehrenamtsakademie
Klaus Neumeier, Gemeindepfarrer, Synodaler
Annegret Puttkammer, Pröpstin
Marcus Wehrstein, Gemeinde- und Managementberater[24]

Hoffnungsvoll unterwegs

… weil wir darauf vertrauen,

- dass der Herr das Haus baut,
- dass Christus mitten unter uns ist, wenn wir uns in seinem Namen versammeln,
- dass unsere Kirche in Hessen und Nassau auf einem guten Fundament gebaut ist,
- dass vor allem unsere Kirchengemeinden auch morgen die Orte des gelebten Glaubens sind.

So wie die Jünger Jesu vor 2000 Jahren hoffnungsvoll gestartet sind und zugleich manche Erschütterung erlitten haben, sind auch wir heute weiterhin unterwegs und finden uns wieder zwischen Freude und Hoffen, Bangen und Enttäuschung. Mitten in der Reformationsdekade erinnern wir uns daran, dass Kirche zu allen Zeiten verschiedene

[24] Der Leitungskreis hat der Veröffentlichung hier zugestimmt.

Strukturen und Ausdrucksformen hatte und hat: Kirche ist immer „Kirche unterwegs“. Das Festhalten an Bewährtem und neue Aufbrüche machen zusammen ihre Stärke aus. Das gilt auch für die „Kirche vor Ort“.

Mit diesem Papier wollen wir das Augenmerk auf die „Kirche vor Ort“ richten. Hier sehen wir in erster Linie die vielen Ortsgemeinden in unserer EKHN. Ihre Kirchenvorstände und Mitarbeitendenkreise wollen wir mit diesem Papier ansprechen. Im Weiteren laden wir aber auch alle die zum Gespräch ein, die ebenfalls „Kirche vor Ort“ gestalten (in Schulen, Kliniken, Einrichtungen…). Weil die Kirche in der Region (Dekanat) und die Gesamtkirche auf vielfältige Weise den Rahmen setzen für Entwicklungen vor Ort, brauchen wir gerade auch auf diesen Ebenen eine breite Diskussion der hier angerissenen Themen. In diesem Sinne hoffen wir, dass sich Kirchensynode, Dekanatssynoden und Kirchenvorstände dafür Zeit nehmen.

Im Rahmen der Konsultation „Gemeindeentwicklung in der EKHN“ haben sich auf mehreren Treffen Menschen aus unterschiedlichen Arbeitsbereichen unserer Kirche getroffen. Dabei haben wir viele Beispiele gelingender Gemeindearbeit entdeckt und viele Wünsche und Anregungen gehört. In einem gemeinsamen Prozess sind sie in dieses Papier eingeflossen:

- In der Reflexion des biblischen Auftrags vergewissern wir uns über unsere geistlichen Grundlagen.
- Darüber hinaus prägen persönliche und gemeinschaftliche Haltungen unsere Gemeinden. Diese zu verstehen ermöglicht einen neuen Blick auf die
- Inhalte und konkreten Gestaltungsformen unserer Gemeinde/n.
- Schließlich laden wir ein, eigene Wege zu entwickeln und zu verabreden.

Einige „Einsichten“ sind jeweils einer Reihe von – natürlich nicht vollständigen - „Fragenkomplexen“ vorangestellt.

In diesem Sinne geht es uns nicht um das „Abhaken“ aller Fragen und Themen, sondern um einen lebendigen Prozess in eigener Verantwortung. Wir freuen uns, wenn Sie auf diesem Weg viele Entdeckungen in Ihrer Gemeinde machen. Ausdrücklich möchten wir Sie dabei auch ermutigen, nicht nur Neues auszuprobieren, sondern auch Bewährtes zu erhalten und auch manches wegfallen zu lassen[25].

„Die auf den Herrn vertrauen, bekommen neue Kraft“

(Jes. 40,31)

Wir freuen uns auf einen lebendigen Prozess in unserer Kirche

Leitungskreis der Konsultation „Gemeindeentwicklung in der EKHN“ im Netzwerk „Lust auf Gemeinde“ im September 2012

[25] Durch erste Erfahrungen in Kirchenvorständen oder Dekanatssynoden erscheint der ausdrückliche Hinweis wichtig: Die Fragen eignen sich nicht und sich auch nicht dazu gedacht, die Arbeit der Gemeinde wie in einer Notenskala zu erfassen. Es geht nicht darum, Urteile und Benotungen hervorzubringen, sondern Gespräche zu beginnen, eigene „blinde Flecken“ zu erkennen, aber durchaus auch zu sehen, was auf welchen Gebieten gut gelingt und gerne bleiben soll.

[Auftrag]

Einsichten:
Als Kirche leben wir nicht aus uns selbst heraus und nicht für uns selbst. Immer neu dürfen wir auf Gottes Zusagen vertrauen, in seinen Verheißungen leben und uns von ihm herausfordern und beauftragen lassen.
Beispiele hierfür sind:

- „Befiehl dem Herrn deine Wege und hoffe auf ihn!" - Psalm 37,5
- „Lobe den Herrn, meine Seele, und was in mir ist, seinen heiligen Namen!" - Psalm 103,1
- „Suchet der Stadt Bestes!" - Jeremia 29,7
- „Gehet hin und machet zu Jüngern alle Völker: Taufet sie auf den Namen des Vaters und des Sohnes und des Heiligen Geistes und lehret sie halten alles, was ich euch befohlen habe." - Matthäus 28,19f
- „Freut euch mit den Fröhlichen und weint mit den Weinenden." - Römer 12,15
- „Dient einander, ein jeder mit der Gabe, die er empfangen hat, als die guten Haushalter der mancherlei Gnade Gottes." - 1. Petrus 4,10

Fragen zur Reflexion der eigenen Gemeinde:

- Welche Bedeutung haben diese biblischen Aufträge für Ihren Glauben und für Ihre Gemeindearbeit?

- Gibt es weitere oder andere biblische Beauftragungen, aus denen heraus Sie leben?
- Was könnte Gott konkret mit Ihrer Gemeinde vorhaben? Woran erkennen Sie das?
- Wie sind Sie im Gespräch über Gottes Auftrag an Ihre Gemeinde? Wie wirkt sich dies aus?

Einsichten:

Vor allen Programmen nehmen Menschen die Atmosphäre in einer Gemeinde wahr. Das beginnt beim Umgang der Menschen miteinander, geht über die Gestaltung der (gottesdienstlichen) Räume bis hin zur spürbaren Liebe am gestalteten Programm selbst. Leitbilder, Profile und Konzepte sowie die geistliche Basis aller Angebote in der Gemeinde bestimmen die darauf aufbauenden Angebote. All dies ist eine kontinuierliche Herausforderung für eine „Gemeinde unterwegs". Grundsätzliche Haltungen zeigen sich in einer Gemeinde aber auch in ihren internen Strukturen: Im Miteinander von Haupt- und Ehrenamt, in Strukturen, die auf Beteiligung und Teamarbeit ausgerichtet sind, in der Bereitschaft zu voll verantwortlicher Delegation. Ebenfalls eine Grundhaltung ist die Offenheit für ein Miteinander mit kirchlich wenig Verbundenen und mit kirchlichen und weltlichen Einrichtungen über die Grenzen der Gemeinde hinaus. In all dem zeigen sich Haltungen zu Tradition und Erneuerung, vor allem aber inwieweit es gelingt, Freude und Gemeinschaft miteinander zu leben.

Fragen zur Reflexion der eigenen Gemeinde:

- Wie würden Außenstehende Ihre Gemeinde beschreiben? *Bedenken Sie diese Sicht der Außenwahrnehmung gerne auch bei den folgenden Fragen:*
- Welchen Stellenwert haben in ihrer Gemeinde Sachlichkeit, Fröhlichkeit, Herzlichkeit und gemeinsames Lachen? Welche Signale werden hierzu ausgesandt?
- Gibt es Raum für Begegnung und Beziehungen rund um Gottesdienste und Veranstaltungen? Stehen Menschen zum Beispiel vor und nach Gottesdiensten zusammen und reden miteinander?
- Wie erleben Sie die geistliche Atmosphäre in Ihrer Gemeinde? Worin drückt sie sich aus? Welche Bedeutung haben z.B. gemeinsames Bibellesen, beten, singen, meditieren und Gotteslob in der Gemeindearbeit, in der Mitarbeiterschaft und in der Gemeindeleitung? Wie und wo spüren Sie das Wirken Gottes in Ihrer Gemeinde am stärksten?
- Wie offen ist Ihre Gemeinde für die Beteiligung Neuer? Gibt es z.B. eine zusammengestellte Übersicht über Mitwirkungsmöglichkeiten? Wie können sich Menschen ihren Gaben gemäß einbringen? Werden Menschen ermutigt, eigene Ideen umzusetzen? Wie geschieht das?
- Ist projektorientierte und zeitbegrenzte Mitarbeit möglich? Wie kann Mitarbeit reduziert oder auch beendet werden? Klagen Mitarbeitende häufig über Überlastung? Was folgt daraus?
- Wie gehen Haupt- und Ehrenamtliche miteinander um? Wie wird ehrenamtliche Arbeit wertgeschätzt? (Wie) Wird Teamarbeit in Ihrer Gemeinde gefördert? Wie wird die Bedeutung ehrenamtlicher Arbeit nach außen getragen? Wie ist die Rolle der Hauptamtlichen? Welche Erwartungen haben Sie an Ihre hauptamtlich Mitarbeitenden?

- Gibt es in Ihrer Gemeinde ein Bewusstsein für Qualitätsfragen? Was bedeutet Qualität in Ihrer Gemeindearbeit? Welche Kriterien und Maßstäbe haben Sie? Werden Angebote Ihrer Gemeinde anschließend reflektiert/evaluiert?
- Dürfen (haupt- und ehrenamtlich) Mitarbeitende Fehler machen? Wie gehen andere damit um? Gibt es Förderung und Unterstützung?
- Gibt es eine gemeinsame Identität, die über das eigene Angebot/Team hinausgeht? Freut man sich über den Erfolg anderer? Stehen Teams und Mitarbeitende (Haupt- oder Ehrenamt) in Konkurrenz zueinander?
- Sind Sie stolz auf Ihre Gemeinde, freuen Sie sich über Ihre Gemeinde? Welches Bild Ihrer Gemeinde tragen Sie nach außen?
- Welchen Ruf hat Ihre Gemeinde in Ihrer Stadt/ Stadtteil/ Dorf? Welche Bedeutung haben Themen, Nöte und Sorgen der Menschen in und außerhalb der Gemeinde? Welchen Stellenwert hat die tätige Nächstenliebe? Woran machen Sie Ihre Einschätzung fest?
- Welche Bedeutung haben für Sie persönlich und für Ihre Gemeinde Nachbargemeinden unterschiedlicher Konfession, Vereine und Schulen vor Ort, die Kommune? (Inwiefern) Verstehen Sie sich als Teil Ihres Dekanats, der EKHN und der weltweiten Kirche? Haben Sie regelmäßige Kontakte zu Gemeinden und christlichen Einrichtungen im Ausland?
- Wo würden Sie Ihre Gemeinde selbst einordnen zwischen „konservativ und Traditionen bewahrend“ oder „offen für neue Formen gemeindlichen Lebens“? Woran machen Sie Ihre Einschätzung fest? Was bedeutet dies für Ihre Gemeinde und Gemeindearbeit?
- Welchen Stellenwert haben all diese Fragen in Ihrer Gemeinde?

[Inhalte]

Einsichten:

Sozialwissenschaften und Milieuforschung beschreiben die immer weitere Ausdifferenzierung unserer Gesellschaft. Dies betrifft auch evangelische Kirchenmitglieder und die anderen Menschen, die im Bereich unserer Gemeinden leben. Die gemeindlichen Angebote nehmen dies teilweise auf. Für viele Menschen ohne enge kirchliche Bindung ist es schwer, Einstiegsangebote in die Gemeinde und zum Glauben zu finden. Ebenso schwer ist es oft, hieraus weiterführende und gegebenenfalls dauerhafte Angebote zu finden. Für alle Altersgruppen, besonders aber für Kinder und Jugendliche gilt, dass Glaube und Gottvertrauen nicht zuerst gelehrt, sondern am Vorbild erfahren und dann selbst ausprobiert werden müssen. Christliche Identität wird nach innen und außen bis heute stark an der tätigen Nächstenliebe gemessen.

Gemeinden fragen sich, inwieweit sie der gesellschaftlichen Vielfalt gerecht werden. Zugleich müssen sie die Grenzen ihrer Möglichkeiten erkennen und dürfen über die eigene Gemeinde hinaus in den nachbarschaftlichen Raum schauen: Im Verbund mit Nachbargemeinden ist Vieles möglich. Ein nachbarschaftlicher kirchlicher Raum der sich ergänzenden Gemeindeprofile braucht gegenseitige Anerkennung und ein gemeinschaftliches Auf-dem-Weg sein.

Fragen zur Reflexion der eigenen Gemeinde:

- Wie erreichen Sie die Menschen, die in Ihrer Gemeinde wohnen? Was gelingt Ihnen gut? Wo werden Menschen und ihre Erwartungen nicht aufgenommen? Woran liegt dies jeweils?
- Reflektieren Sie Ihre gottesdienstlichen und weiteren Gemeindeangebote: Wie (breit) sind sie aufgestellt? Welche traditionellen Bereiche werden abgedeckt, wo haben Sie neu entwickelte Angebote für bestimmte Ziel- und Altersgruppen? Wo sehen Sie Stärken und Schwächen in Ihren Gottesdiensten und Veranstaltungen?
- (Wie) Helfen - Ihnen und anderen - insbesondere Ihre Gottesdienste zu einem gelebten Christsein im Alltag? (Wie) Werden Sie getröstet, gestärkt, ermutigt und herausgefordert? Bedenken Sie die Lebendigkeit und Fröhlichkeit Ihrer Gottesdienste. Welchen Stellenwert haben Gottesdienste für Sie selbst und für Ihre Gemeinde?
- Welche Bedeutung haben Erlebnis und Erfahrung in Gottesdiensten und weiteren Angeboten? (Wie) Unterstützen Sie, dass Glaube und Gottvertrauen gelehrt, erfahren und gelebt werden? (Wie) Fördern Sie Gemeinschaft?
- Wie kinder- und familienfreundlich erleben Sie Ihre Gemeinde? Was leitet Ihre Einschätzung? Dieselbe Frage gilt für Berufstätige, Menschen mit Behinderung oder Senioren.
- Wenn Sie eine Kindertagesstätte in Ihrer Gemeinde haben: Wie beurteilen Sie das Miteinander und den Kontakt? Wie verknüpft sind Angebote für Kinder und Familien? Sind Familienzentrum und generationenübergreifende Arbeit ein Thema? Wodurch wird das evangelische Profil in der Kita erkennbar? Wie werden Religionspädagogik und Verkündigung in der Kita und verbunden mit der Gemeinde gelebt?
- Wie beurteilen Sie Ihre Konfirmandenarbeit zwischen „verschult“ und „erfahrungsbezogen“? Wie sind Konfirmanden in

Ihrem Gottesdienst und Gemeindeleben integriert? (Wie) Sind Ihre Angebote auf Jugendliche hin ausgerichtet?

- Wie schätzen Sie Ihre Erwachsenenbildung ein mit Glaubenskursen, Hauskreisen, theologischen Themen u.a.?
- Wie beurteilen Sie die tätige Nächstenliebe in Ihrer Gemeinde? Wie gehen Sie mit den Nöten und Themen Ihres Gemeinwesens um? Betrachten Sie professionelle Einrichtungen und ehrenamtliche Gemeindediakonie. Werden Seelsorge und Beratung wahrgenommen? Sind Sie auf dem Weg zu den Menschen hin? Sind Laien in diese Arbeit einbezogen?
- Reflektieren Sie Ihre Öffentlichkeitsarbeit: Wie zeitgemäß sind Gemeindebrief, Homepage, Handzettel und Plakate gestaltet? Haben Sie ein für die ganze Gemeinde gültiges Logo oder Emblem? Wird es überall verwendet? Wird Ihr Leitbild regelmäßig kommuniziert? Gibt es ergänzende Öffentlichkeitsarbeit wie einen Email-Newsletter, Arbeit in digitalen sozialen Netzwerken, regelmäßige Presseartikel oder kirchliche Rubriken in anderen Organen von Vereinen, der Stadt etc.?
- (Wie) Gehen Sie auf Menschen zu? (Wie) werden neue Besucher angesprochen und aufgenommen? Gibt es Besuche oder Willkommensbriefe für Zuziehende? Wie wichtig ist das persönliche Einladen von Nachbarn und Freunden in Ihrer Gemeinde? Wie offen sind Ihre Angebote für Neue?
- Wie finanzieren Sie Ihre Angebote? Welche Bedeutung haben unterstützende Finanzierungssysteme wie Förderverein, Aktionen im Rahmen der Kollektenkasse, Stiftungen o.ä.? Was kann aus finanziellen Gründen nicht mehr stattfinden?
- Inwieweit bauen die unterschiedlichen Angebote aufeinander auf und wie sind sie innerhalb Ihrer Gemeinde miteinander vernetzt? Wird dies den Teilnehmenden so vermittelt? Gelingt die Vernetzung für die Teilnehmenden? Was können Sie tun, um Ihre Angebote noch stärker zu verknüpfen?

- (Wie) Arbeiten Sie mit anderen Gemeinden sowie kirchlichen und gesellschaftlichen Einrichtungen zusammen? (Wie) Sind kirchliche Angebote von Seelsorge, Religionsunterricht, Diakonie u.ä. Ihres Umfelds und Dekanats mit Ihrer Gemeinde verbunden? Gibt es regelmäßige Absprachen und eine gemeinsame Konzeption der Arbeit?
- Was hilft Ihnen bei all diesen Themen und Fragen, was hemmt Sie in Ihrer Gemeinde? (Wo) Holen Sie sich Unterstützung, Anregungen, Begleitung? (Wo) Finden Sie in der EKHN Unterstützung, Anregung und Begleitung?
- Was folgt für Sie aus allen diesen Überlegungen?

Einsichten:
Gemeinden müssen sich fragen, inwieweit sie der gesellschaftlichen Vielfalt gerecht werden. Zugleich müssen sie die Grenzen ihrer Möglichkeiten erkennen und dürfen über die eigene Gemeinde hinaus in den nachbarschaftlichen Raum schauen: Im Verbund mit Nachbargemeinden ist vieles möglich. Ein nachbarschaftlicher kirchlicher Raum der sich ergänzenden Gemeindeprofile braucht gegenseitige Anerkennung und ein gemeinschaftliches Auf-dem-Weg sein. Neben dem alltäglichen Arbeiten brauchen wir Überlegungen über die grundsätzlichen Konzepte und Wege unserer Arbeit. Dazu braucht es Klarheit über das Ziel, über mögliche „Abzweigungen“ und Alternativen sowie viel Ausdauer.

Fragen zur Reflexion der eigenen Gemeinde:

- Gibt es eine gemeinsame Sehnsucht, wie die Gemeinde werden soll? Wie wird diese genährt und erhalten?
- Hat Ihre Gemeinde ein Leitbild/Profil, das das Gemeindeleben tatsächlich leitet? Wie wird dieses Leitbild gelebt? Wie wird es nach außen kommuniziert? Wird es evaluiert und gegebenenfalls weiterentwickelt? Wie arbeitet die Gemeindeleitung generell an der Gemeindekonzeption? Gibt es besondere Jahresthemen und Schwerpunkte?
- Inwieweit haben geistliche und konzeptionelle Fragen ihren Platz in Leitungs- und Mitarbeiterkreisen? Wie werden die Ergebnisse nachgehalten und fließen in die praktische Arbeit ein? Welche Bedeutung haben Klausurwochenenden dabei?
- Wer in Ihrer Gemeinde kann motivieren und wer kann Ideen „multiplizieren"? Sind sie in relevante Entscheidungen einbezogen?
- Gibt es Klarheit über Strukturen und Verantwortlichkeiten? Wie sieht es mit Verlässlichkeit aus? Werden Absprachen und Beschlüsse eingehalten und umgesetzt? Inwieweit delegiert der Kirchenvorstand an Ausschüsse und Teams, um Zeit für strukturelle und inhaltliche Fragen zu bekommen?
- Inwieweit lassen Sie sich inspirieren von den Beispielen anderer Gemeinden, Ideenmessen, Kirchentage, Internetplattformen wie „geistreich.de"?
- Welche Möglichkeiten nutzen Sie zur Einbindung von internen und gemeindeexternen Unterstützern? Wer ist mit auf dem Weg, und wer kann Ihren Weg unterstützen?
- Wie sichern Sie eine nachhaltige Entwicklung Ihrer Gemeinde?

Links:

- Lust auf Gemeinde: www.lust-auf-gemeinde.de
- Geistreich: http://www.geistreich.de/
- Zentren der EKHN:
    - http://www.zentrum-verkuendigung.de/
    - http://zsb.ekhn.org/
    - http://www.zentrumbildung-ekhn.de/
    - http://www.zgv.info/cms/
    - http://www.zentrum-oekumene-ekhn.de/
- eaA: www.ehrenamtsakadmie-ekhn.de
- Diakonie: http://www.diakonie-hessen-nassau.de/
- IPOS: www.ipos-ekhn.de

Expertise „Ehrenamt“

Ehrenamt hat Zukunft

Eine ekklesiologisch-theologische,

historische und sozialwissenschaftliche Expertise

mit Perspektiven für die Zukunft

des kirchlich-diakonischen Ehrenamts

in der Evangelischen Kirche in Hessen und Nassau[26]

Von Steffen Bauer und Ernst-Georg Gäde, 2008

---

26 Die Expertise ist entstanden als Vorlage für die Projektgruppe „Stärkung des Ehrenamtes“, die neben anderen im Rahmen der Zukunftsplanung und Prioritätenentwicklung der EKHN (Perspektive 2025) eingerichtet wurde. Ein großer Dank gilt Ernst-Georg Gäde, der der Veröffentlichung hier gerne zugestimmt hat.

Inhalt

Vorbemerkung zum Begriff „Ehrenamt“

Im Bereich des „Ehrenamts“ herrscht mittlerweile eine nahezu „babylonische Sprachverwirrung“: Freiwilligenarbeit, bürgerschaftliches Engagement, freiwillig-soziales Engagement usw. In der Expertise wird auf die Begrifflichkeit des „Ehrenamtsgesetzes“ (EAG) der EKHN zurückgegriffen und deshalb auch von „Ehrenamt“ gesprochen:

„Ehrenamt im Sinne dieses Kirchengesetzes ist jede freiwillig erbrachte, nicht auf Ertrag ausgerichtete Arbeit im kirchlichen Auftrag“ (§ 1 EAG). Diese organisatorische Definition des Ehrenamts baut darauf auf, dass „es Aufgabe aller Getauften (ist), am Bau des Reiches Gottes verantwortlich mitzuwirken. Deshalb ist ehren-, haupt- und nebenamtliche Arbeit gleichwertig. In der Zusammenarbeit prägen alle gemeinsam und gleichberechtigt das Leben und die Gestalt von Gemeinde und Kirche.“ (Präambel des EAG)

Neben der allgemeinen Definition des Ehrenamts unterscheidet das EAG noch die Tätigkeit von Ehrenamtlichen „in institutionellen Leitungsämtern“ (§ 9 EAG).

Diese beiden Formen ehrenamtlicher Tätigkeiten werden im Folgenden als „soziales Ehrenamt“ und als „institutionelles Ehrenamt“ bezeichnet.

1. Die biblisch-reformatorische Verankerung des Ehrenamtes

In der Kirche gab es ehrenamtlich Tätige schon lange bevor es den heute vielfach dafür benutzten und durchaus schwierigen Begriff „Ehrenamt" gab. Landesbischof Dr. Friedrich Weber hat Recht, wenn er auf dem Stiftungstag in Seesen am 31. März 2006 dazu feststellte:

„Für die Gestalt unserer Kirche ist das Ehrenamt seit 2000 Jahren konstitutives Element.[27] *"*

Schon für die ersten christlichen Gemeinden war das aus dem Glauben heraus begründete Tun und Handeln in dieser Welt unverzichtbar. Den sogenannten „Gottesdienst im Alltag der Welt" (E. Käsemann) zu leben, war z.B. nach Römer 12,1f für den Apostel Paulus eine zentrale Aufgabenstellung für alle Christen. Mit dieser Aussage überschreibt er deshalb die gesamten paränetischen Abschnitte seines Briefs an die Gemeinde von Rom.

Im Hintergrund steht dabei die Auffassung, dass Gottes Geist den Menschen mit unterschiedlichen Gaben, Talenten, Charismen segnet und ausstattet und es nun wichtig ist, dieses Geschenk selbst segensreich in Gemeinde und Welt hineinzutragen. Biblische Bezugsquellen dafür sind vor allem:

„Es sind verschiedene Gaben, aber ein Geist. Und es sind verschiedene Ämter, aber es ist ein Herr. Und es sind verschiedene Kräfte, aber es ist ein Gott, der da wirkt alles in allem. Und in einem jeden offenbart sich der Geist zum Nutzen aller." (1. Kor. 12,4-7)

---

[27] Vortrag Landesbischof Dr. Friedrich Weber, Stiftungstag in Seesen am 31. März 2006, S. 2, siehe www. landeskirche-braunschweig.de/uploads/download/Ehrenamt.pdf

„Dient einander, ein jeder mit der Gabe, die er empfangen hat" (1. Petrus 4,10)

Mit der Betonung dieser beiden Bezüge rücken vor allem die Charismen- und die Ämterlehre bei der Begründung und inhaltlichen Füllung des kirchlichen Ehrenamtes in den Mittelpunkt[28]. Daran hat sich im Laufe der Jahrhunderte nichts geändert.

Die Generalsynode der Vereinigten Evangelisch-Lutherischen Kirche Deutschlands hat am 18. Oktober 2000 über den gemeinsamen Auftrag der ehren-, neben- und hauptamtlichen Mitarbeiterinnen und Mitarbeitern in der Kirche getagt und dabei die entscheidenden biblischen und reformatorischen Aussagen zu Fragen des Ehrenamtes zum Ausdruck gebracht. In dem dort verabschiedeten Arbeitspapier 2 heißt es:

„Die Generalsynode bekräftigt die Bekenntnistradition der Lutherischen Kirchen, nach der Christus die Seinen zu Zeugnis und Dienst ruft und sie beauftragt. Alle Getauften haben teil an diesem Auftrag. Sie nehmen ihn mit persönlicher Bereitschaft und Begabung wahr. Sie werden ihm in der Kirche umso eher gerecht, je stärker die Gaben und Fähigkeiten aller Christinnen und Christen wirksam werden und je konkreter die Lebensorte, an denen sie Ausdruck finden, im Blick sind"[29]

Theologisch damit übereinstimmend kann der Vorsitzende der Vollversammlung der Union Evangelischer Kirchen (UEK), Landesbischof Dr. Ulrich Fischer, in einer Predigt am 14.7.2003 in Freiburg u.a. ausführen:

---

[28] Vgl. P. Scherle. „Es ist also wohl vor allem die Ämter- und Charismenlehre, die dem Begriff Ehrenamt in der Kirche ein solches Gewicht gibt", in: Zur Ehre Gottes und zum Wohl der Menschen, Vortrag zum Tag des Ehrenamtes im Evangelischen Dekanat Ingelheim, 22.9.2007

[29] Arbeitspapier Nr. 2, Über den gemeinsamen Auftrag aller Christinnen und Christen und die persönliche Konkretisierung, S. 53, in: velkd-Texte 101, 2001

„Das kirchliche Ehrenamt ist keine Erfindung unserer Tage. Es hat seine Wurzeln in den Anfängen des christlichen Glaubens, genauer: es hat seine Wurzeln in unserer Taufe. Nicht zu Unrecht erinnern wir bei jeder gottesdienstlichen Einführung Ehrenamtlicher oder Hauptamtlicher daran, dass wir alle aufgrund der Taufe zu Zeugnis und Dienst in der Welt berufen sind. Das unterscheidet das kirchliche Ehrenamt von jedem anderen: Mit ihm nehmen Menschen ihr Getauftsein auf den Namen des dreieinigen Gottes ernst. Ehrenamtliches Engagement ist darum zu aller erst Tauferinnerung, ist Inanspruchnahme des in der Taufe uns Zugesagten."[30]

Im kirchlichen Ehrenamt geht es von seiner Grundlegung her also nicht etwa um den Aspekt der Freiwilligkeit, sondern vielmehr um die Bereitschaft, sich mit der jeweiligen Gottesgabe in Anspruch nehmen zu lassen:

„Der tiefste Grund für das kirchliche Ehrenamt liegt in der Dankbarkeit für das Gottesgeschenk des eigenen Lebens, liegt in der Freude an den eigenen Begabungen"[31].

---

[30] Landesbischof Dr. Ulrich Fischer in einer Predigt am 14.7.2003 im Aussendungsgottesdienst von Ehrenamtlichen (Seelsorge-Grundkurs am Uniklinikum Freiburg 2003)

[31] Scherle (Ort: siehe Anmerkung 1). Anika Albert hat diesen Gedanken in ihrem Aufsatz „Zuspruch und Anspruch paulinischer Ethik als Motivation zum Dienst in der Welt" so ausgedrückt: „Die Christen werden durch Christus in den Zustand des neuen Lebens versetzt und sind aufgerufen, unter Rückgriff auf die andauernde Wirkung der Taufe zu handeln und zu leben. Sie sollen bewahren, was ihnen durch die Taufe geschenkt ist, indem sie es in ihrem Leben umsetzen. Die Taufe steht also als Realität am Anfang des christlichen Lebens und wirkt sich dann das ganze Leben hindurch aus. Christologisch formuliert bedeutet das: Unser Leben mit Christus beginnt in der Taufe. Hierin wird uns eine neue Existenz verliehen, die ein verändertes Verhalten ermöglicht. Um dieses neue Verhalten in die Tat umsetzen zu können, sind wir auf die Begleitung durch Christus angewiesen". Dies.: S. 17, in: Diakoniewissenschaft im Dialog, Hrsg. von V. Herrmann, DWI Info Nr. 6, Heidelberg 2004

Eine weitere Grundlage für das Verständnis des kirchlichen Ehrenamtes liegt im biblisch begründeten Bezug der Reformation auf das sogenannte Priestertum aller Gläubigen. Martin Luther führte dazu u.a. 1520 aus:

„Was aus der Taufe gekrochen ist, das kann sich rühmen schon zum Priester, Bischof und Papst geweiht zu sein, obwohl es nicht einem jeden ziemt, solches Amt zu üben."[32]

Auch wenn dann also nicht jeder in jedes kirchliche Amt berufen wird, so gilt doch:

„Das „Amt" von Christinnen und Christen besteht darin, Teil der Bewegung und Zuwendung Gottes zu seiner Welt zu sein[33] *".*

In Aufnahme dieses Gedankens kann zum Beispiel im Impulspapier der EKD „Kirche der Freiheit" sehr schön ausgesagt werden:

„Das Priestertum aller Gläubigen lebt dort, wo ein Christ dem anderen ein Priester und Nächster wird"[34].

Diese Zitate machen aber auf ein sprachliches Problem in der Rede vom „Amt" aufmerksam. Bis über die Reformationszeit hinaus wurde nämlich nicht zwischen „Amt" und „Dienst" (ministerium) unterschieden. Erst allmählich und bis in die Gegenwart hinein wurde dann unter Amt eine öffentliche Institution mit „hoheitlichen" Aufgaben verstanden. Die Kammer für Theologie der EKD hat 1996 unter ihrem

---

[32] Martin Luther: „An den christlichen Adel deutscher Nation", WA 6, S. 408 mit Bezug auf 1. Petrus 2,9: „Ihr aber seid das auserwählte Geschlecht, die königliche Priesterschaft, das heilige Volk, das Volk des Eigentums, dass ihr verkündigen sollt die Wohltaten dessen, der euch berufen hat von der Finsternis zu seinem wunderbaren Licht".

[33] Lothar Stempin, Das Thema der Generalsynode 2000, S. 33, in: velkd-Texte 101, 2001

[34] Kirche der Freiheit, S. 68

Vorsitzenden E. Jüngel an diese Entwicklung im Verständnisses des „Amtes“ erinnert und betont, dass insbesondere die reformatorischen Bekenntnisschriften immer den Dienstgedanken und nicht etwa einen herausgehobenen Stand im Blick hatten, wenn sie den Begriff des „Amtes“ verwendeten. Gerade die Kammer hat dabei den Zusammenhang verschiedener Aspekte des Dienstes eines jeden Christenmenschen präzise beschrieben, also sozusagen die Bandbreite dessen, was heute auch als ehrenamtliche Betätigung eines jeden Christenmenschen bezeichnet werden kann. Von daher sollen deren Sätze hier wiedergegeben sein. In Erinnerung an Paragraphen des Augsburger Bekenntnisses (Confessio Augustana, CA) wird dort ausgeführt:

„CA IV spricht vom seligmachenden Glauben. CA V spricht davon, auf welchem Wege dieser Glaube erlangt wird, nämlich dadurch, dass das Evangelium zu Gehör gebracht wird. CA VI redet von den Früchten dieses Glaubens, den guten Werken. Sie sind gut, weil sie aus dem Glauben an Jesus Christus den Auftrag Gottes erfüllen, dem Nächsten in den mannigfachen Nöten des Leibes und der Seele beizustehen und zum lieben zu helfen. Sie rechtfertigen nicht durch sich selbst, sondern gehen aus dem rechtfertigenden Glauben hervor. So kann man sie auch als gelebten Glauben verstehen. Ebenso wie die Christenheit in allen ihren Gliedern in den Dienst genommen ist, das Evangelium weiterzusagen und damit dem Nächsten zum Glauben zu heißen, ist sie auch in die Liebespflicht genommen, dem Nächsten mit Taten zu dienen. Einer besonderen Beauftragung bedarf es dazu ebenso wenig wie eines Spezialsegens. Insofern stehen alle Christen, die mit ihren Gaben (Charismen) ihrem Nächsten zum Glauben helfen und im Glauben dienen, im allgemeinen Amt der Evangeliumsverkündigung und des Liebesdienstes. Dieses allgemeine Amt, das den Zeugnis und Liebesdienst eines jeden Christen untrennbar umfasst und in das jeder Christ durch die Taufe berufen wird, ist gemeint, wenn in der reformatori-

schen Tradition vom gemeinen Priestertum, also dem Priestertum aller Gläubigen gesprochen wird[35].

Besonders wichtig an diesen Sätzen ist in unserem Zusammenhang die unauflösbare Verbindung zwischen Zeugnis- und Liebesdienst eines jeden Christen. Dem Nächsten ist also sowohl zum Glauben zu helfen wie auch im Glauben zu dienen. Auch Peter Scherle betont diesen Aspekt, wenn er daran erinnert.

„Es ist uralte christliche Tradition, etwa die Charismen der Gastfreundschaft oder der Fürsorglichkeit als Gottesgaben zu sehen und sie als Ämter in Dienst zu nehmen“[36].

Historisch gesehen bildeten sich in den urchristlichen Gemeinden in ihrer Orientierung an die Endzeitrede Jesu, Mt. 25, sehr schnell die sechs Werke der Barmherzigkeit heraus, die dann im 3. Jahrhundert

---

[35] Aus: Der evang. Diakonat als geordnetes Amt der Kirche, Die Kammer für Theologie der EKD, Hannover, 1996, S. 6.
Sehr prägnant hat auch Prälat Dr. Stephan Reimers all diese Gedanken bei einer öffentlichen Anhörung der Enquetekommission „Zukunft des bürgerschaftlichen Engagements“ am 11. Mai 2001 zusammengefasst: „Zur Bezeugung des Evangeliums in Wort und Tat sind alle Christinnen und Christen gerufen. Unbeschadet des besonderen Auftrages kirchlicher Ämter und Dienste, zu denen einzelne mit besonderer Verantwortung betraut werden, ist die Berufung zum Priestertum aller Gläubigen nach evangelischem Verständnis ein grundlegendes Element der christlichen Kirche. Kirche existiert in ihrer äußeren Verfasstheit durch den christlichen Lebensvollzug aller ihrer Glieder, also auch und vor allem der ehrenamtlichen. Das Mittun an den Aufgaben der Kirche und ihren Gemeinden und das Eintreten dafür in der Öffentlichkeit ist ein missionarisch wirksames und einladendes Zeichen für die Gemeinschaft, zu der Gott die Kirche berufen hat“ in: S. Reimers: Stellungnahme des Bevollmächtigten des Rates der EKD zur öffentlichen Anhörung der Enquetekommission "Zukunft des bürgerschaftlichen Engagement", 11. Mai 2001, S. 2

[36] Scherle, (Ort: siehe Anmerkung 2)

noch um ein weiteres ergänzt wurden[37]. Die Diakone hatte die Aufgabe auf die Einhaltung und Befolgung dieser sieben Werke der Barmherzigkeit innerhalb der Gemeinde zu achten. Durch die Betonung der Erzählung Jesu vom barmherzigen Samariter und seiner Gleichnisrede vom Weltgericht wird auch das Gefälle des christlichen Liebesdienstes deutlich. Es hängt eben gerade keiner Beliebigkeit an, sondern orientiert sich an der so genannten „Option für die Armen". Heinrich Bedford-Strohm betont in diesem Zusammenhang:

„Es kann geradezu als zentrales Charakteristikum des biblischen Gottes gesehen werden, dass er ein Gott ist, der aus Not befreit und den Schwachen zum Recht hilft"[38].

---

[37] Die sieben Werke der Barmherzigkeit: (1) Durstige tränken, (2) Hungrige speisen, (3) Gefangene besuchen, (4) Kranke heilen, (5) Fremde beherbergen, (6) Nackte kleiden, [später hinzugefügt:] (7) Tote begraben.

[38] H. Bedford Strohm,: Armut und Beteiligungsgerechtigkeit. Ökumenische Grundkonsense und Zukunftsherausforderungen der Sozialethik bei: Tagung „Option für die Armen? am 18. und 19.11.2005 über den Armuts- und Reichtumsbericht der Bundesregierung im Licht der christlichen Sozialethik, Bamberg am 18.November 2005, S. 7. Bedford-Strohm fährt dann u.a. so fort: „Die Option für die Armen bezieht sich nicht nur auf materielle Armut. Sie bezieht sich auf alle Phänomene fehlender Teilhabe wie etwa die Erfahrung der Diskriminierung wegen der Rasse, der Nationalität oder des Geschlechts", ebenda S.9. Wolfgang Gern stellte auf derselben Tagung u.a. folgende These auf: „These IX: Wir müssen wieder wissen, welchen humanen Traditionen wir verpflichtet sind. Im Alten Testament zieht sich wie ein roter Faden hindurch, dass Reichtum zum Segen wird, wo er die Schwachen stärkt, also in einen Segenskreislauf einmündet. Im Neuen Testament steht im Mittelpunkt, dass Menschen einander helfen, nach Krisen und Brüchen wieder zum Leben aufzustehen („Freiheit füreinander", so Paulus im Galaterbrief Kap. 5). Das Prinzip der Subsidiarität folgt diesem Muster: Hilfe zur Eigenständigkeit. Und wo eigenverantwortliches Handeln an seine Grenzen stößt, hilft, korrigiert und balanciert die Gemeinschaft", in: Armut in einem reichen Land. Eine diakonische Zeitansage, Vortrag auf der Tagung „Option für die Armen? am 18. und 19.11.2005 über den Armuts- und Reichtumsbericht der Bundesregierung im Licht der christlichen Sozialethik, Bamberg am 18.November 2005

Interessant ist nun aber, dass die Gemeinden Aufgaben des christlichen Liebesdienstes in der Folgezeit immer mehr z.B. an die Klöster abtraten. Diese waren im Mittelalter insbesondere für die Armenfürsorge zuständig[39]. Auch die Reformation änderte daran nur wenig, denn in Folge bildete sich sehr bald heraus, dass dem Staat die Aufgabe der Armenfürsorge weithin zugeschrieben wurde[40]. Bei Luther selbst aber herrschte ein anderes, sozusagen das urchristliche Amtsverständnis vor. Es ist eben paradigmatisch, wenn er beim Anklopfen eines Bettlers an seine Haustür in Anlehnung an Mt. 25,40 seiner Frau die dadurch entstandene Szenerie mit den Worten beschrieb:

---

[39] Sehr schön nachzulesen bei Juliane Sagebiel: „Geschichte der Sozialen Arbeit. Die Mütter der Sozialen Arbeit"", die z.B. für die Zeitspanne nach Martin Luther auf die Frage „Wer leistet Hilfe (für die Armen)? betont: „Die Stadt, repräsentiert durch den ehrenamtlichen Armenvogt und bezahlte Armenknechte. Im Amt des Armenvogtes wird die Grundlage für eine städtische Sozialverwaltung geschaffen. Die Kommunen sind für die Regulierung von Armut und Bettelei zuständig. Nach wie vor fühlen sich auch die Kirchen, private Spender, Stiftungen zuständig. Insgesamt setzt jedoch eine Säkularisierung der Armenfürsorge ein, S. 5. Für die Zeit vorher hat sie Bedeutung der Klöster u.a. mit folgenden Worten beschrieben: „Die Klöster waren aufgrund von ländlichem Besitz in der Lage sich selbst zu versorgen. Dem christlichen Auftrag der Nächstenliebe verpflichtet, verteilten die Klöster Essen an Bettler und Fremde, man versorgte die Kranken und Reisenden wurde Unterkunft angeboten. Diese zeitlich strukturierte Ordnung der Klöster wirkte in den folgenden Jahrhunderten noch in den Kollegs, Werkstätten und Zucht- und Arbeitshäusern nach", S. 1.

[40] Die Kammer für Theologie der EKD hat dazu angemerkt: „Auch die Reformation hat die Liebestätigkeit als Lebensäußerung des Glaubens und insbesondere die Armenpflege als Aufgabe nicht nur einzelner Wohltäter, sondern der ganzen christlichen Gemeinde angesehen. Diese kann dann besondere Dienstaufträge an einzelne Personen erteilen, die sich der leiblichen und seelischen Nöte im Namen der ganzen Gemeinde annehmen. Damit handelt diese gemäß dem Auftrag Jesu Christi (Mt 1O,7.8). Solange die christliche Gemeinde sich jedoch als noch identisch mit der bürgerlichen Gemeinde ansehen durfte, konnten „diese Aufträge" zur Linderung von sozialer Not auch von der bürgerlichen Gemeinde vergeben und versehen werden. Diese Situation besteht heute nicht mehr", Der evang. Diakonat als geordnetes Amt der Kirche, Die Kammer für Theologie der EKD, Hannover, 1996, S. 8

„Käthe, der Herr Jesus ist da“[41].

Fazit:
Eine biblisch-reformatorische Besinnung des Ehrenamtes wird nach dem hier Vorgetragenen besonderen Wert auf die Charismen- und Ämterlehre legen sowie die unauflösliche Beziehung zwischen Zeugnis- und Liebesdienst dieser Dienste bzw. Ämter betonen. Dabei muss deutlich werden, dass der „Option für die Armen“ eine herausragende Stellung für den Dienst des Christen in der Gemeinde und in der Welt zukommt.

2. Zur Geschichte des institutionellen und des sozialen Ehrenamts in der Kirche

2.1 Das institutionelle Ehrenamt

Betrachtet man die Entwicklung des institutionellen Ehrenamts, so kann eine Art Wellenbewegung festgestellt werden: Die politische und kirchliche Hierarchie (über Jahrhunderte hinweg weitgehend identisch) wird gezwungen, Macht abzugeben und Teilhabe zu gewähren, gewinnt diese wieder zurück, um bei der nächsten „Welle“ weiterreichende Konzessionen machen zu müssen. Es ist die Entwicklung einer sich in Schüben vollziehenden Emanzipation der mündigen Christinnen und Christen, Bürgerinnen und Bürger, denen von Mal zu Mal mehr Macht und Kompetenzen zufallen.

Das institutionelle Ehrenamt in Westeuropa hat seine frühen Wurzeln im 12. bis 14. Jahrhundert in der Emanzipationsbewegung des städti-

---

[41] Zitiert nach Pfr. D. Keim: „Das evangelische Pfarrhaus und die uns aufsuchende Armut – die neue Komm-Struktur“, in: „Die Zukunft des Sozialstaates und unsere Verantwortung. Sozialwort der Synode der Evangelischen Kirche in Hessen und Nassau. Anregungen. Beispiele. Konkretionen“, Darmstadt 2008, Seite 29.

schen Bürgertums[42] Gegenüber den lehensherrschaftlich-feudalen Strukturen entwickelt sich ein ökonomisch starkes Bürgertum, das zunehmend politische Einflussrechte einklagt. Seit dem 12. Jahrhundert kommt es immer wieder zu massiven Auseinandersetzungen des Bürgertums mit der kirchlichen Hierarchie[43]. Die städtischen Räte erzwingen Mitwirkungsrechte bei der Pfarrstellenbesetzung, beim Kirchenbau und bei der Vermögensverwaltung. In der Mitte des 12. Jahrhunderts erhalten z.B. die Kaufleute in Freiburg im Breisgau das Recht, ihre Pfarrer frei wählen zu können[44]. Diese Ansätze von „ehrenamtlicher" Selbstverwaltung sind allerdings auf die patrizische Elite beschränkt, andere Bürgerbewegungen, ausgehend von einfachen Handwerkern oder Bauern, werden regelmäßig unterdrückt.

Mit der Reformation erhält diese bürgerlich-emanzipatorische Linie jedoch wieder neue Impulse. Vor allem in der Phase der Frühreformation gibt es in vielen Städten „Bürgerausschüsse", die die gesamten kirchlichen Angelegenheiten kontrollieren (etwa in Lübeck, Rostock und Stralsund). Mit der Etablierung des landesherrlichen Kirchenregiments geht diese frühe demokratische Bewegung jedoch bald wieder unter. Das 17./18. Jahrhundert ist dann eine Zeit der permanenten Entmündigung der Gemeinden, es entwickelt sich ein bürokratisches Staatskirchentum.

Mit Beginn des 19. Jahrhunderts setzt wieder eine neue „Welle" ein. Um den absolutistischen Staat zu stabilisieren wird vor genau 200 Jahren dem aufstrebenden Bürgertum mit der Preußischen Städteord-

---

[42] Die Wurzeln des individuellen politischen Engagements für das allgemeine Wohl etwa in den antiken Stadtgesellschaften Griechenlands bleiben hier unberücksichtigt. Das Wort des Perikles soll dafür stellvertretend zitiert werden: „Bei uns heißt einer, der an den Dingen der Stadt keinen Anteil nimmt, nicht ein stiller Bürger, sondern ein schlechter."

[43] Knut Schulz: „Denn sie lieben die Freiheit so sehr...". Kommunale Aufstände und Entstehung des europäischen Bürgertums im Hochmittelalter. Darmstadt 1995

[44] Gerd Althoff/Hermann Kamp: Herrschaft in der mittelalterlichen Stadt. In: G. Althoff u.a.: Menschen im Schatten der Kathedrale. Darmstadt 1998

nung die Möglichkeit gegeben, die Verwaltung der lokalen Angelegenheiten selbst zu übernehmen (Stein-Hardenbergsche Verwaltungsreform). Die am 19. November 1808 erlassene Ordnung reagiert auf „das dringend sich äußernde Bedürfniß einer wirksamern Theilnahme der Bürgerschaft an der Verwaltung des Gemeinwesens“, um so „durch diese Theilnahme Gemeinsinn zu erregen und zu erhalten“ (Präambel). Neben das Recht der Selbstverwaltung tritt die Pflicht, öffentliche Ämter und Funktionen übernehmen zu müssen: „Jeder Bürger ist schuldig öffentliche Stadtämter zu übernehmen, und solche, womit kein Diensteinkommen verbunden ist, unentgeldlich zu verrichten“ (§ 191). Das ist gewissermaßen die Geburtsstunde des bürgerlichen, des institutionellen Ehrenamts.

Mit deutlicher zeitlicher Verzögerung reagiert die Kirche auf diese Entwicklung. Seit etwa 1850 kommt es zum Versuch, gemeindliche Führungsorgane zu bilden. Durch die neuen Formen der Beteiligung soll erreicht werden, „das der Kirche entfremdete Volk wieder für die Kirche zu gewinnen“[45].

Aber erst nach dem Ende des Staatskirchentums 1918 werden in den meisten Landeskirchen Kirchenordnungen verabschiedet, die demokratisch-parlamentarischen Prinzipien verpflichtet sind. So heißt es etwa in den süddeutschen Landeskirchen, dass die Kirchenvorstände „im Wege der allgemeinen, gleichen, unmittelbaren und geheimen Wahl durch die Kirchengemeindegenossen gewählt“ werden[46].

Die zurzeit laufenden Veränderungsprozesse in den evangelischen Gliedkirchen stellen wohl wieder eine neue „Welle“ der Verlagerung von Verantwortung auf ehrenamtlich getragene Systeme dar. Dabei wird der lokale Bezug durch einen regionalen ergänzt: Es geht flächendeckend um eine Stärkung der „Mittleren Ebene“ mit einer Profilierung der haupt- und ehrenamtlichen Leitungskompetenz und einem deutlichen Zuwachs an Gestaltungs- und Steuerungsaufgaben auf dieser Ebene und gegenüber den Ortsgemeinden.

---

[45] Uwe Winter: Gemeindeleitung in der Volkskirche. Berlin 1977, S. 23
[46] A.a.O., S. 27

2.2 Das soziale Ehrenamt

Die Entwicklung des sozialen Ehrenamts in den letzten 200 Jahren weist ein sich wiederholendes Muster auf, in das auch das derzeit diskutierte „neue Ehrenamt“ eingebettet zu sein scheint. Das Muster sieht so aus: Bürgerinnen und Bürger, Christinnen und Christen entwickeln aus sozial-ethischer Verantwortung ein ehrenamtliches Engagement, das vor allem den Schwachen in der Gesellschaft gilt. Nach einiger Zeit wird dieses Engagement in eine bürokratische Form überführt und unterliegt zugleich einer Professionalisierung. Diese beiden Entwicklungen marginalisieren das ursprünglich innovative Ehrenamt. In dieser Phase entstehen an anderer Stelle und in veränderter Struktur wieder neue Formen eines sozialen Ehrenamts.

Das soziale Ehrenamt hat eine – wie in Kapitel 1 dargestellte – bis in die Frühzeit des Christentums zurückgehende Tradition. Es ist die Sorge um Kranke und Arme, um Ausgestoßene und sozial Stigmatisierte, die zu organisierter Hilfe und Unterstützung führt. Im frühen und ausgehenden Mittelalter gibt es von Bürgern initiierte Wohltätigkeit, wie etwa eine auf das Jahr 917 datierbare Bürgerspitalstiftung im bayerischen Wemding oder die berühmte Fuggerei in Augsburg aus dem 16. Jahrhundert[47].
Im Laufe des 18. Jahrhunderts entstehen dann eigene Unterstützungseinrichtungen für Arme, die auf ehrenamtliche Helfer zurückgreifen. So wird etwa 1788 die Hamburgische Armenanstalt gegründet, durch die verschiedene Armenfonds zusammengefasst und einer kommunalen Aufsicht unterstellt werden. Die Stadt wird in 60 Bezirke mit je drei ehrenamtlichen Armenpflegern eingeteilt. Die Armenpfleger werden auf drei Jahre gewählt und betreiben mittels systematisierter Fra-

---

[47] Prof. Stephan Wagner: Kurze Geschichte der Ehrenamtlichkeit. www.berlin.de/imperia/md/content/buergeraktiv/kurze_geschichte_der_ehrenamtlichkeit_farbig.pdf (Vortrag 2007)

gebögen die Armenpflege. Sie sind gegenüber einem auf Lebenszeit gewählten Armenkollegium verantwortlich. In diesem Modell ist bereits im Kern die Grundstruktur der bundesdeutschen Wohlfahrtspflege erkennbar: staatliche Verantwortlichkeit verbunden mit privater Initiative.

Das berühmte westfälische „Elberfelder System“ von 1853 setzt diese Linie fort: Die öffentliche Armenpflege ist ein Teil der kommunalen Verwaltung, deren Durchführung allerdings als ehrenamtliche Aufgabe (männlichen) Bürgern obliegt. Wie in Hamburg dominiert das Quartierprinzip: Die Armenpfleger kümmern sich um die Armen, die in ihrem näheren Wohnumfeld leben. In den folgenden Jahrzehnten wird dieses Modell ehrenamtlicher Arbeit von fast allen großen Städten als System sozialer Arbeit übernommen. Die privat organisierte Armenpflege wandelt sich zu einer kommunalen Sozialpolitik: „Damit wurde ... ein Schub der Bürokratisierung und Professionalisierung von kommunaler Politik im Allgemeinen und kommunaler Sozialpolitik im Besonderen in Gang gesetzt, der langfristig diesen Typus ehrenamtlicher Tätigkeit aushöhlte.“[48]

Der Trend zur Professionalisierung und Institutionalisierung ist auch ein Merkmal der organisierten protestantischen Krankenpflege im 19. Jahrhundert. Beispielgebend ist das Werk von Theodor Fliedner, seiner Frau Friederike und nach deren Tod seiner zweiten Frau Caroline. Das von diesen 1836 in Kaiserswerth gegründete Diakonissenmutterhaus wird zu einem europaweit kopierten Modell.

Als eine Art Gegenbewegung kann in diesen Jahrzehnten das mit großer Dynamik entstehende Vereinswesen verstanden werden. Der Verein wird die typische Organisationsform des privaten Engagements für Arme und Hilfsbedürftige. Konfessionelle und nicht konfessionelle Vereine werden in großer Zahl gegründet, die in erster Linie vom wohlhabenden und gebildeten Bürgertum getragen werden.

---

[48] Christoph Sachße: Traditionslinien bürgerschaftlichen Engagements in Deutschland. In: Aus Politik und Zeitgeschichte B9/2002; Hrsg.: Bundeszentrale für politische Bildung; http://www.bpb.de/publikationen/YIMJAR.html)

In diesem Sinne beschreibt Johann Hinrich Wichern, der als ausgewiesener Sozialexperte seiner Zeit galt, seine Konzeption der inneren Mission: „"Wir verstehen unter der inneren Mission eine geordnete Arbeit der gläubigen Gemeinde in freien Vereinen"[49].

Im deutschen Kaiserreich kommt es dann zu einer immer stärkeren Ausbildung des deutschen Sozialstaats. Er gibt zunehmend einen Rechtsrahmen vor und beteiligt sich auch an der Finanzierung der sozialen Arbeit. Diakonische Initiativen verwandeln sich zunehmend in Einrichtungen und Institutionen: „Diese Entwicklung lässt sich auch an der Schreibweise des Wortes ‚innere Mission' erkennen: Wichern schrieb es im Sinne eines Organismus immer mit kleinem ‚i', während die Einrichtungen immer mehr dazu übergingen, sich als Institutionen der ‚Inneren Mission' mit großem ‚I' zu verstehen".[50]

Den Höhepunkt dieser Entwicklung bildet die Gründung der großen Wohlfahrtsverbände Ende des 19. Jahrhunderts und während der Weimarer Zeit wie die des Diakonischen Werks oder der Caritas[51]. Während des Nationalsozialismus wurden die Verbände teils verboten oder in ihrer Tätigkeit radikal eingeschränkt. Nach 1945 konnten sich die Wohlfahrtsverbände in Westdeutschland wieder etablieren, während sie in Ostdeutschland nur eingeschränkt arbeiten konnten.

Die Arbeit der Wohlfahrtsverbände als (bürokratische) Großorganisationen, die in hohem Maße aus staatlichen Mitteln finanziert werden, ist im Subsidiaritätsprinzip begründet, das auf die katholische Sozial-

---

[49] Volker Hermann: Diakonie im 19. Jahrhundert. www.diakonie-geschichte.de/49.html

[50] Ebd.

[51] Vorläufer für das Diakonische Werk war der „Central-Ausschuss für die Innere Mission der deutschen evangelischen Kirche" (1848) und für das Deutsche Rote Kreuz die „Vaterländischen Frauenvereine vom Roten Kreuz" (1866). Der Deutsche Caritasverband hat seinen Vorläufer in dem 1897 ins Leben gerufenen „Caritasverband für das katholische Deutschland" und die „Zentralwohlfahrtsstelle der Juden in Deutschland" in der 1917 gegründeten „Zentralwohlfahrtsstelle der deutschen Juden". 1919 kamen der „Hauptausschuss für Arbeiterwohlfahrt in der SPD" und 1924 der Paritätische Wohlfahrtsverband dazu.

lehre zurückgeht, das der unmittelbaren Hilfe der mittelbaren Hilfe Vorrang einräumt[52]. Das Subsidiaritätsprinzip liegt auch der bundesdeutschen Sozialgesetzgebung zu Grunde.
Die Wohlfahrtsverbände hatten nach der Gründung der Bundesrepublik Deutschland – neben z.B. den christlichen Kirchen und Sportverbänden – eine zentrale Bedeutung für das soziale Ehrenamt. Seit etwa 30, 40 Jahren ist jedoch eine Erosion des sozialen Ehrenamts bei den großen Verbänden zu beobachten.
Nicht dass das Ehrenamt aus den Wohlfahrtsverbänden „auswandern“ würde, es bilden sich aber seit einigen Jahrzehnten neue Formen des sozialen Ehrenamts heraus.

3. Die aktuelle Diskussion

Das Thema Ehrenamt wird zurzeit unter folgenden Aspekten diskutiert:

3.1 Das Ehrenamt als gesellschaftlich notwendige Arbeit zwischen den Sektoren Staat, Markt und Familie.

Ausgehend von der Schere zwischen wachsenden Anforderungen an den Sozialstaat bei gleichzeitiger (struktureller) Verknappung finanzieller Spielräume werden Ehrenamt, Freiwilligenarbeit etc. als unbezahlte und unbezahlbare Arbeit ergänzend zu den Sektoren Staat,

---

[52] Papst Pius XI formuliert dies in seiner 1931 erlassenen Enzyklika „Quadrogesimo Anno“ (Abschnitt 79):“... wie dasjenige, was der Einzelmensch aus eigener Initiative und mit seinen eigenen Kräften leisten kann, ihm nicht entzogen und der Gesellschaftstätigkeit zugewiesen werden darf, so verstößt es gegen die Gerechtigkeit, das, was die kleineren und untergeordneten Gemeinwesen leisten und zum guten Ende führen können, für die weitere und übergeordnete Gemeinschaft in Anspruch zu nehmen; zugleich ist es überaus nachteilig und verwirrt die ganze Gesellschaftsordnung. Jedwede Gesellschaftstätigkeit ist ja ihrem Wesen und Begriff nach subsidiär; sie soll die Glieder des Sozialkörpers unterstützen, darf sie aber niemals zerschlagen oder aufsaugen.“ (http://198.62.75.1/www1/overkott/quadra.htm)

Markt und Familie diskutiert. Welches – hier rein ökonomisch verstanden – wertschöpfendes Gewicht ehrenamtlich erbrachte Leistung hat, macht Ralph Fischer deutlich: Er verweist auf eine Berechnung der Caritas aus dem Jahr 1998, wonach die in den Kirchen tätigen Ehrenamtlichen eine geldwerte Arbeitsleistung im Umfang von rund 21 Milliarden DM (etwa 10,7 Milliarden Euro) erbracht haben. Allein die kirchlichen Ehrenamtlichen![53] Ehrenamtliche Arbeit ist sicher nicht einfach in Euro umzurechnen. Ein Merkmal ehrenamtlicher Tätigkeit besteht aber u.a. auch darin, dass die so erbrachte Leistung grundsätzlich auch von dafür bezahlten Kräften erbracht werden könnte (das macht etwa den Unterschied zu Selbsthilfegruppen aus). Geht man davon aus, dann wird eine Betrachtung ehrenamtlicher Leistungserbringung unter ökonomischen Aspekten jedoch plausibel.

Ehrenamtliches Engagement wird in dieser Diskussion als Scharnier zwischen Mikro- und Makroebene verstanden, die das Funktionieren des Gesamtsystems garantiert. Es

- ergänzt kommunale Verwaltungen im Sozialbereich,
- ist weniger hierarchisch und bürokratisch organisiert als die verfassten Systeme der öffentlichen Wohlfahrtspflege,
- erzeugt als nicht-staatliche Bewegung öffentliche Güter und alternative Dienstleistungen,
- entlastet die professionellen Systeme,
- ist durch Bürger- und Problemnähe gekennzeichnet und
- gleicht Legitimations- und Leistungsdefizite staatlicher Organisationen aus.

In diesen Bereich, den Dritten Sektor, fallen alle formal strukturierten Organisationen. Sie haben eine auf Dauer angelegte rechtliche Form, sind keine öffentlichen Einrichtungen, verwalten sich selbst, verfügen über eine eigene Leitungsstruktur, sie verfolgen keine eigenwirtschaftlichen Ziele und greifen auf ehrenamtliche Arbeit zurück.

---

[53] Ralph Fischer: Ehrenamtliche Arbeit, Zivilgesellschaft und Kirche. Stuttgart 2004. S. 14

3.2 Das Ehrenamt in seiner sozialintegrativen Funktion für Staat und Zivilgesellschaft

Unter diese Überschrift sind die Debatten um die Bürgergesellschaft und die Bewertung des Dritten Sektors als Raum für gesellschaftliche Partizipation, Integration und Sozialisation zu subsumieren[54].
Das Schlüsselwort heißt „Sozialkapital“ bzw. „soziales Kapital“ (Pierre Bourdieu). Darunter wird verstanden, dass bestimmte Grundzüge sozialer Organisationen (wie Netzwerke, Normen und Vertrauen) gesellschaftlich erwünschte Verhaltensweisen wie Koordination und Kooperation zum gegenseitigen Nutzen fördern. Durch eine enge und dauerhafte Einbindung in ehrenamtliche Engagements und in Organisationen, die Ehrenamtlichkeit ermöglichen, können gemeinschaftsbezogene Kommunikations-, Kooperations- und Hilfsbereitschaft gefördert und gestärkt werden. Auf diese Weise unterstützen Vereine und Vereinigungen die Entstehung und Aufrechterhaltung von Reziprozitätsnormen und sozialem Vertrauen.
Die Entwicklung des Sozialkapitals trägt dazu bei, das demokratische Gemeinwesen zu stabilisieren und die ökonomische Leistungsfähigkeit einer Gesellschaft zu stützen.

3.3 Das Ehrenamt mit seinen soziodemographischen und motivationalen Aspekten.

Der dritte Strang der Ehrenamts- bzw. Freiwilligenforschung beschäftigt sich mit den soziodemographischen Merkmalen und den individuellen Motiven für ehrenamtliches Engagement.

---

[54] Siehe dazu den Bericht der Enquete-Kommission „Zukunft des Bürgerschaftlichen Engagements“: „Bürgerschaftliches Engagement: auf dem Weg in eine zukunftsfähige Bürgergesellschaft“. Deutscher Bundestag, 14. Wahlperiode. Drucksache 14/8900. 3. Juni 2002. S. 196 ff

Seit Mitte der 80er Jahre des letzten Jahrhunderts gibt es eine Fülle empirischer Untersuchungen zum ehrenamtlichen Engagement. Sie gehen meist den Fragen nach: Wer engagiert sich ehrenamtlich und warum, in welchen Bereichen und unter welchen (förderlichen bzw. hinderlichen) Rahmenbedingungen? In diesem Zusammenhang werden auch gesamtgesellschaftliche Entwicklungstendenzen berücksichtigt.
Der einhellige Befund lautet: Ehrenamtliches Engagement ist in unserer Gesellschaft ein „schlafender Riese". Viele sind – natürlich in großer Bandbreite – bereits ehrenamtlich engagiert, viele mehr könnten es noch werden. Verbreitet ist dabei auch die Rede vom „Neuen Ehrenamt", vom „Strukturwandel des Ehrenamts". Dabei geht es um die sich verändernden Motive für ein ehrenamtliches Engagement wie auch um die Bedingungen, unter denen Menschen bereit sind, sich freiwillig zu betätigen.
Die wichtigsten Ergebnisse werden im Folgenden vorgestellt.

4. Das aktuelle Ehrenamt und seine gesellschaftlichen Rahmenbedingungen

Die Entscheidung einer Bürgerin, eines Bürgers für ein ehrenamtliches Engagement hängt von der je eigenen Lebenssituation wie auch von den gesamtgesellschaftlichen Entwicklungen ab. Für ein strategisches Ehrenamtsmanagement ist es wichtig, nüchtern und unbefangen die großen Entwicklungstrends zu sehen, um keinen Vorurteilen oder nur je subjektiven Erfahrungen aufzusitzen.

4.1 „Unterjüngung" – ein Aspekt des demographischen Wandels

Die bundesdeutsche Gesellschaft wird allen Prognosen zufolge zahlenmäßig schrumpfen. Der genaue Umfang ist dabei schwer abzuschätzen, da es sich hier um hoch komplexe Wirkungszusammenhänge handelt[55]. Sicher ist, dass bisher die Geburtenrate in Deutschland extrem niedrig war und dass der bisherige positive Wanderungssaldo nicht ausreicht, hier Kompensation zu verschaffen. Ein grundlegender Wandel, sollte er denn überhaupt kommen, wirkt sich erst in Jahrzehnten aus.

Zur demographischen Entwicklung gehört auch die sich bereits seit Jahren vollziehende Veränderung des Altersaufbaus der bundesdeutschen Gesellschaft:
„Ab dem Jahr 2020 geht die Generation der Babyboomer (Jahrgänge 1955-65), die momentan einen erheblichen Anteil der Erwerbsbevölkerung ausmacht, sukzessive in Rente. Der Altenquotient – die Anzahl der 65-Jährigen und Älteren je 100 Personen von 20 bis unter 65 Jahre – beträgt heute 32. Ab den 2020er Jahren wird er rapide steigen und bereits 10 Jahre später bei 52 liegen. Die Zahl der über 80-Jährigen wird von heute 3,7 Millionen auf fast 6 Millionen in 2020 ansteigen. Mit der steigenden Lebenserwartung wird auch die Anzahl der gesunden Jahre weiter zunehmen; trotzdem ist zu erwarten, dass insgesamt auch die Anzahl der Pflegebedürftigen noch steigt.“[56]

Das daraus resultierende Phänomen ist die „Unterjüngung“ bzw. Überalterung zentraler Bereiche wie Wirtschaft, Kultur und natürlich auch im Bereich des Ehrenamts. Eine Unterjüngung und zugleich eine (hier positiv zu verstehende) „Überalterung“ der Engagementquoten weisen die beiden Freiwilligensurveys von 1999 und 2004 auf:
Die Engagementquote in der Altersgruppe 14-25 Jahre ist um einen Prozentpunkt von 36 auf 35 zurückgegangen, zugleich ist aber die Quote in den Gruppen 56-65 Jahre von 34 auf 40 Prozent und in der

---

[55] Siehe dazu „Bevölkerung Deutschlands bis 2050 – Ergebnisse der 11. koordinierten Bevölkerungsvorausberechnung.“ Statistisches Bundesamt Wiesbaden 2006

[56] Forum Demographischer Wandel des Bundespräsidenten in Zusammenarbeit mit der BertelsmannStiftung, www.forum-demographie.de/2020.99.0.html

Gruppe 66–75 Jahre von 26 auf 31 Prozent gestiegen. In dem obigen Zitat heißt es, dass „die Anzahl der gesunden Jahre weiter zunehmen“ wird. Das wirkt sich bereits jetzt auf die Engagementquoten im Ehrenamt aus: Die körperlich wie mental fitten „jungen Alten“ werden zu einer bestimmenden Größe im Ehrenamtssektor.

Wie die Sonderauswertung des 2. Freiwilligensurveys zum Bereich „Kirche und Religion“ zeigt, werden „Tätigkeiten im kirchlich-religiösen Bereich stärker als in anderen Bereichen von über 65jährigen ausgeübt (22%; alle Bereiche 13%)“[57]. Der Trend zur „Unterjüngung“ wird sich im kirchlichen Bereich noch massiver auswirken als in der Gesamtgesellschaft. Und diese Unterjüngung ist schlicht biologisch bedingt und kann nicht durch Aktivitäten oder Angebote aufgefangen werden. Zugleich bedeutet dies aber möglicherweise auch einen verstärkten Kampf um die knapper werdende Ressource jüngerer Menschen durch die Organisationen im Dritten Sektor, die auf ehrenamtliches Engagement angewiesen sind.

Die Kirche steht damit vor zwei Fragen:

- Wie kann sie ein anziehende Adresse für jüngere, zu einem Engagement bereite Menschen bleiben/werden?
- Ist sie auf die vielfach hoch qualifizierten, selbstbewussten „jungen Alten“ wirklich vorbereitet?

4.2 Schrumpfende Kirchengemeinden - ein weiterer Aspekt des demographischen Wandels

Wenn die Gesamtbevölkerung kleiner wird, dann werden auch die Mitgliederzahlen der Kirchengemeinden schmelzen. Dabei wird es wohl drastische regionale Unterschiede geben.

---

[57] Heinrich W. Grosse: Freiwilliges Engagement in der Evangelischen Kirche hat Zukunft. Ergebnisse einer neuen empirischen Studie. 2., verb. Aufl.). Hrsg.: Sozialwissenschaftliches Institut der EKD. Hannover 2006, S. 10

Es ist – bezogen auf das Bundesland Hessen – mit einem ein fast dramatischen Süd-Nord-Gefälle zu rechnen. Während der Regierungsbezirk Darmstadt bis 2050 mit einem Bevölkerungsrückgang von (nur) ca. 4 Prozent rechnen muss, beträgt der Wert für den Regierungsbezirk Kassel fast 20 %[58]. Es gibt einige wenige Zuwachsregionen: Die Stadt Offenbach mit etwas über 10 Prozent, der Wetteraukreis mit knapp 10 Prozent, die Landkreise Groß-Gerau, Limburg-Weilburg und der Main-Taunus-Kreis sowie die Stadt Wiesbaden werden eine leichte Zunahme erleben. In Nordhessen soll es nur Fulda sein, das etwas zulegen wird. Im Bereich der EKHN werden der Lahn-Dill-Kreis mit knapp 20 % Bevölkerungsrückgang und der Vogelsbergkreis mit 25 % zu den „Verlierern" gehören. In Nordhessen, im Bereich der EKKW, wird es in den nächsten Jahrzehnten aber um noch ganz andere Dimensionen gehen: Stadt Kassel mit einem Minus von fast 30 Prozent, der Landkreis Hersfeld-Rotenburg mit einem Minus von bald 40 Prozent und der Werra-Meißner-Kreis mit fast 50 Prozent.

Da es in diesem Zeitraum auch zu einem deutlichen Rückgang der Steuereinnahmen und damit auch der Kirchensteuer kommen wird (wenn die geburtenstarken Jahrgänge aus dem Arbeitsleben ausscheiden), hat die Kirche zwei brisante Trends zu bewältigen: Strukturell bedingter Mitgliederschwund und langfristig gesehen geringere Steuereinnahmen.

Diese Entwicklung wird unweigerlich zu einer Überprüfung hauptamtlicher Strukturen führen: Wie viel Hauptamtlichkeit ist grundsätzlich sinnvoll und notwendig? Und: Welche Rolle spielen sie grundsätzlich gegenüber den Ehrenamtlichen?

---

[58] Axel Börsch-Supan/ Anette Reil-Held (Mannheimer Forschungsinstitut Ökonomie und Demographischer Wandel, Universität Mannheim): „Die ökonomischen Auswirkungen der Alterung in Hessen." Beitrag für die Anhörung der Enquetekommission „Demographischer Wandel" des Hessischen Landtags am 10. November 2004

Wie die Geschichte des sozialen Ehrenamts zeigt, spielt das Wohnortprinzip eine wichtige Rolle. Das kirchengemeindliche Ehrenamt weist dieses Merkmal sehr deutlich auf. Daneben gibt es soziale Ehrenämter, die vornehmlich aufgaben- bzw. themenorientiert sind (z.B. Hospiz, Tafeln) und ihre Ehrenamtlichen transparochial gewinnen – und die ausgesprochen erfolgreich agieren.
Wenn ganze Landstriche bzw. Gemeindebezirke „ausdünnen“, dann wird sich das auf die Angebotsstruktur für Ehrenamtliche und die Arbeitsweise von Ehrenamtlichen auswirken.

Für strukturschwache Gegenden verschärft sich der Bevölkerungsrückgang noch dadurch, dass er auch auf Wanderungsbewegungen zurückzuführen ist, die die Ballungsräume begünstigt. Um es plakativ zu sagen: In den strukturschwachen Räumen werden alte und nicht zur Mobilität bereite Menschen leben. Ehrenamtliche Arbeit – wie natürlich auch die hauptberufliche – wird hier andere Themen und Herausforderungen haben als in den großstädtischen Ballungsräumen. Das bedeutet, dass sich ehrenamtliche – wie auch hauptberufliche – Tätigkeitsprofile je nach Region deutlich unterscheiden können.

Die Kirche, Gemeinden und Diakonie sind auf dem skizzierten Hintergrund gezwungen, eine hoch differenzierte Palette für ehrenamtliches Engagement zu ermöglichen und dann auch gewinnend zu kommunizieren.

4.3 Ehrenamt und Arbeitsmarkt

Die Erwerbsarbeit ist – bei gleichzeitiger Steigerung der Produktivität – seit etwa 20 Jahren rückläufig und hat damit zu einer Krise der Arbeitsgesellschaft geführt. Erwerbsarbeit und Ehrenamt sind dadurch in eine latente Konkurrenzsituation gekommen, wenn aus finanziellen Erwägungen heraus berufliche Arbeit durch ehrenamtliches Engagement ersetzt werden sollte. Im begrenzten Maße kann es auch zu einer

Verdrängung ehrenamtlicher Arbeit zum Beispiel durch den Einsatz von – professionell ausgebildeten - 1-Euro-Arbeitskräften kommen. Untersuchungen ehrenamtlicher Arbeit im psychosozialen Bereich zeigen, dass ehrenamtliche Arbeit in ihrer Wirkung – selbst wenn sie kaum professionellen Standards entspricht – mit der der Professionellen durchaus vergleichbar ist[59]. In Zeiten knappen Geldes kann die Verführung groß sein, Ehrenamtliche aus Kostengründen entsprechend einzusetzen. Umso bedeutsamer ist es, wenn Träger ehrenamtlicher Arbeit in Form einer Selbstverpflichtung klar stellen, dass sie ehrenamtliche Arbeit nicht als Ersatz für berufliche Arbeit ansehen. Ein gutes Beispiel dafür findet sich im „Rahmenkonzept Freiwilliges Engagement im Diakonischen Werk in Hessen und Nassau“, in dem es heißt: „Freiwilliges Engagement ist eine Tätigkeit eigener Qualität und hat keine die professionelle Sozialarbeit ersetzende, sondern eine ergänzende und bereichernde Funktion“[60].

Auch die zunehmende Flexibilisierung des Arbeitsmarkes wirkt sich auf die Möglichkeiten ehrenamtlicher Arbeit aus. Flexible, also unregelmäßige Arbeitszeiten erschweren ein kontinuierliches Engagement. Menschen, die lange Wege und damit erhebliche Zeit investieren, um ihren Beruf ausüben zu können, sind nicht so leicht für ehrenamtliche Gremienarbeit oder auch andere Engagements zu gewinnen, die sich oft abends abspielen.

Derartige Hemmnisse führen zwangsläufig zu einer Selektion: Es gibt auf der einen Seite Menschen, die sich ein ehrenamtliches Engagement erlauben können und auf der anderen Seite solche, denen dies

---

[59] Hildegard Müller-Kohlenberg: Die Kompetenz der Laien im psychosozialen Bereich. In: Engagiert für Gotteslohn? Impulse für das Ehrenamt. Reader zur Sommeruniversität Ehrenamt. Köln 2003, S. 172ff

[60] Rahmenkonzept „Freiwilliges Engagement“ im Diakonischen Werk in Hessen und Nassau vom 19.04.2007. Frankfurt 2007, S. 11

strukturell nahezu unmöglich ist. Eine derartige Selektion gibt es bereits:
Etwa 39 % der Männer und 32 % der Frauen in Deutschland sind ehrenamtlich tätig. Frauen haben dabei meist eine Teilzeitarbeit und kümmern sich um Familie und Haushalt. Trotz leichter Veränderungen der Geschlechterrollen, ist die traditionelle Rollenverteilung nach wie vor sehr stabil. Die Männer sind dagegen in der Regel voll berufstätig.[61] Bemerkenswert ist allerdings eine Entwicklung: Der Anteil der Frauen, die voll erwerbstätig sind und die zugleich ehrenamtlich engagiert sind, hat in den letzten Jahren deutlich zugenommen. Typisch ist dies allerdings noch nicht.
Das kritische Resümee des Freiwilligensurvey lautet so: „Langsame Annäherungsprozesse finden allerdings vorerst dort ihre Grenze, wo es um die hierarchische Zuordnung von freiwilligen Tätigkeiten zu Wahlämtern bzw. Leitungs- und Vorstandsfunktionen geht. Insbesondere in letzteren waren Frauen 2004 sogar deutlich weniger anzutreffen als 1999. Damit hat sich 2004 auch das typische Tätigkeitsprofil der Männer bestätigt: ‚Organisieren, repräsentieren, führen' bzw. das der Frauen: ‚Helfen, betreuen, beraten'."[62]

Kirche, Gemeinden und Diakonie sind gefordert, vielfältige auch zeitliche Formen und Modelle für ehrenamtliche Arbeit zu entwickeln, um möglichst vielen Menschen einen Zugang zu ermöglichen.

4.4 Soziale Milieus, Wertewandel und Kirchenbindung

Seit gut 30 Jahren kann eine zunehmende Ausdifferenzierung der Gesellschaft in soziale Milieus festgestellt werden. Der Hintergrund da-

---

[61] Freiwilliges Engagement in Deutschland 1999 – 2004. Ergebnisse der repräsentativen Trenderhebung zu Ehrenamt, Freiwilligenarbeit und bürgerschaftlichem Engagement. München 2005, S. 261 ff
[62] A.a.O., S. 262

für sind die Prozesse der Individualisierung und Pluralisierung[63]. Die bis dahin geläufige soziologische Beschreibung der Gesellschaft durch Klassen- und Schichtenmodelle hat sich dabei als nicht mehr adäquat erwiesen. An ihre Stelle sind Milieumodelle getreten, die die Schichtenmodelle differenziert weiterführen: Neben den vertikalen, hierarchisierenden Schichtenaspekten wird in den Milieumodellen ergänzend auf horizontaler Ebene nach jeweils verbindenden bzw. trennenden Lebensstilen und Wertemustern gefragt. Auf diese Weise entsteht eine differenzierte Milieulandschaft[64]. Sie beschreibt soziale Gruppierungen, die sich jeweils in ihren Lebensauffassungen, Lebensstilen und Wertemustern ähneln.

Diese Differenzierung in soziale Milieus, die sich in ihren Werteausrichtungen zum Teil diametral unterscheiden, trifft natürlich auch auf die Kirchenmitglieder zu. So differenziert die Gesellschaft ist, so auch die Mitgliederstruktur der Kirche. Wie Heinrich Grosse schreibt, „gibt es in der Kirche – wie in der Gesellschaft insgesamt – eine kultureller Hegemonie bestimmter Milieus, nicht alle Milieus kommen in ihr gleichermaßen zum Zuge“ [65]. Er formuliert dann die naheliegende Frage: „Wie förderlich oder hemmend wirkt sich die Zugehörigkeit zu einem bestimmten Milieu auf die Bereitschaft zu freiwilligem Engagement (in der Kirche) aus?“[66].

Zeitgleich und eng mit dem Prozess der Individualisierung und Pluralisierung verbunden hat sich ein Wertewandel in der bundesdeutschen Gesellschaft vollzogen, der unmittelbare Auswirkungen auf das Ehrenamt hat. Im Kern geht es um eine Verschiebung von eher gemeinschafts- und pflichtbezogenen Werthaltungen zu eher individuell-

---

[63] Siehe dazu Person und Institution. Volkskirche auf dem Weg in die Zukunft, Frankfurt 1993, S. 15 ff

[64] Siehe dazu die Sinus-Milieus und ihre Adaption auf kirchliche Gegebenheiten durch W. Vögele u.a.: Soziale Milieus und Kirche. Würzburg 2002 und in knapperer Form auch die Vierte Erhebung über Kirchenmitgliedschaft von 2003.

[65] A.a.O., S. 4

[66] Ebd.

selbstbezogenen: Gehorsam, Pflichterfüllung, Bescheidenheits- und Verzichtsethik auf der einen, Autonomie, Selbstentfaltung und Lebensqualität auf der anderen Seite. Entgegen manchen kulturpessimistischen Einschätzungen, wir würden auf eine Gesellschaft von „Ichlingen“ zusteuern, die ausschließlich ihr privates Lebensglück im Blick haben, zeigt sich vielmehr: Der Wertewandel führt zu einem eher ausgewogenen Verhältnis zwischen Gemeinschafts- und Selbstorientierung. Die große Zahl von Ehrenamtlichen wie auch ihre Motivationen machen deutlich, dass wir keinen Abgesang einer solidarischen Gesellschaft erleben. Assoziativ-provokativ kann gesagt werden, dass das Doppelgebot der Liebe – „Liebe deinen Nächsten wie dich selbst“ – in gewisser Weise zu einem Massenphänomen an Gemeinsinn und sozialer Verantwortung geworden ist. Die Untersuchungen zur Motivation für ehrenamtliches Engagement machen diese doppelte Orientierung mehr als deutlich.
Die sich verändernden Gründe für eine ehrenamtliche Tätigkeit sind von den Organisationen, deren Leistungserbringung wesentlich auf den Schultern Ehrenamtlicher liegt, sehr wach zu registrieren und in ihre strategischen Planungen einzubeziehen. Die interne sinnhafte Logik der jeweiligen Organisation ist vielfach nicht mehr ausreichend, um ehrenamtliches Engagement zu wecken. Notwendig ist vielmehr ein die innere Logik und Sinnhaftigkeit ergänzender Perspektivwechsel, der von potentiellen Ehrenamtlichen aus denkt.

Die beschriebenen Ausdifferenzierungsprozesse bleiben nicht ohne Wirkung auf die Kirchenbindung. Der Anteil religiös Nichtorganisierter ist – insbesondere nach der deutschen Wiedervereinigung – deutlich gestiegen; nach wie vor treten mehr Menschen aus der Kirche aus als ein, auch wenn sich die Anzahl der Austritte seit einiger Zeit verringert hat. Hinzu kommen Distanzbildungen auf der individuellen Ebene (der so genannte Traditionsabbruch: Rückgang an religiösem Wissen und kirchlicher Praxis). Zurecht verweist Heinrich Grosse darauf, dass das alles nicht nur „hausgemachte“ Ursachen hat, „sondern in hohem Maße auf gesellschaftliche Veränderungsprozesse (Abbau traditionaler Bindungen; Distanz zu Institutionen bzw. Organisationen; Veränderung familialer Lebensformen) zurückzuführen ist"[67]. Das erschwert selbstverständlich den Zugang der Kirche zu Menschen, die grundsätzlich bereit sind, sich ehrenamtlich zu engagieren.

4.5 Das so genannte „Neue Ehrenamt"

Der Begriff des „Neuen Ehrenamts" suggeriert, dass er das „Alte Ehrenamt" ersetzt hat, dass Neues an die Stelle von Altem getreten ist oder dass zumindest das „Alte Ehrenamt" allmählich vom „Neuen Ehrenamt" abgelöst wird. Dieser Eindruck ist in dieser Form falsch. Was sich vielmehr vollzogen hat, das ist eine Auffächerung der Motivationen für ein Ehrenamt zu neuen „Motivationsbündeln" und eine Variationsbreite der Formen des ehrenamtlichen Engagements.

4.5.1 Motivation und Erwartungen Ehrenamtlicher

Untersuchungen zur Motivation von ehrenamtlich Engagierten und Nicht-Engagierten zeigen deutliche motivationale Unterschiede. Ehrenamtliche zeichnen sich dadurch aus, dass sie in höherem Maße bereit sind, Verantwortung zu übernehmen, dass sie einen ausgeprägten Sinn für Gerechtigkeit haben und dass sie den Bedürfnissen, Wünschen und Interessen anderer Menschen mit größerer Wertschätzung begegnen[68]. Das sind ganz traditionelle altruistische, sinnbezogene Motive. Diese gehen nun eine Verbindung ein mit eher selbstorientierten Zielen: Spaß an der Tätigkeit haben, sympathische Menschen treffen können, eigene Kenntnisse und Fähigkeiten erweitern. Komplettiert wird dies durch Beweggründe, die sich aus einem selbstbewuss-

---

[67] A.a.O., S. 5

[68] „Aspekte der Freiwilligenarbeit". In: Bürgerschaftliches Engagement in der Suchtprävention. www.ecbap.net/CBAP_2001_dt.pdf

ten Subjekt-Verständnis speisen: Selbst wirkungsvoll handeln, Einfluss auf die Ergebnisse des Engagements nehmen, selbständig und autonom handeln können.

Im Freiwilligensurvey des Bundesministeriums für Familie, Senioren, Frauen und Jugend [69] wird unterschieden zwischen den „Motiven, sich freiwillig zu engagieren“ und den „Erwartungen an die freiwillige Tätigkeit“. Diese Unterscheidung wird oft vernachlässigt: Die Erwartungen (vor allem das „Spaß haben“) werden mit den Motiven verwechselt.
Bei den Motiven steht an erster Stelle: „Ich will durch mein Engagement die Gesellschaft zumindest im Kleinen mitgestalten“. 66% der Engagierten über 14 Jahre stimmen diesem Satz „voll und ganz“ zu, 29% „teilweise“. An zweiter Stelle steht ein gemeinschaftsorientiertes Motiv: „Ich will durch mein Engagement vor allem mit anderen Menschen zusammenkommen“ („voll und ganz“: 60%; „teilweise“: 35%). An dritter Stelle rangiert das Pflichtmotiv „Mein Engagement ist eine Aufgabe, die gemacht werden muss und für die sich jedoch schwer jemand findet“ („voll und ganz“: 44%, „teilweise“: 40%); dieses Motiv wird besonders von den über 65-Jährigen bevorzugt[70].

Und was erwarten nun die bundesdeutschen Engagierten von einer ehrenamtlichen oder freiwilligen Tätigkeit: Auch „2004 (erwarteten) die meisten Engagierten vom freiwilligen Engagement eine Bereicherung ihres Lebensgefühls und ihrer Lebensfreude ('Tätigkeit soll Spaß bereiten‘, in allen Altersgruppen etwas rückläufig) sowie interessante soziale Kontakte. Gleichzeitig wollten sie mit ihrem Engagement ‚etwas Gutes tun‘, sei es für das Gemeinwohl oder für hilfsbedürftige Menschen.“ [71]

---

[69] A.a.O.
[70] A.a.O., S. 96 ff
[71] A.a.O., S. 103

Der Autor der Studie verweist auf eine – statistisch markante – Veränderung gegenüber der Befragung von 1999: „2004 war der Wunsch geringer ausgeprägt, bei der freiwilligen Tätigkeit mit ‚sympathischen Menschen' zusammenzukommen. ... Diese Veränderung hat zur Folge, dass sich in der Rangfolge der Erwartungen von 2004 die Bedürfnisse, etwas für das ‚Gemeinwohl' zu tun und ‚anderen Menschen zu helfen' vor das Bedürfnis nach sozialen Kontakten geschoben haben.“ [72]

Helmut Klages hat bereits 1998 darauf hingewiesen: „Der Wertewandel fördert das Engagement“[73]. Er schreibt dazu: „Dass das freiwillige unbezahlte Engagement erstaunlicherweise ... angewachsen ist, erklärt sich kurz gesagt daraus, dass es von den im Vormarsch befindlichen Selbstentfaltungswerten nicht etwa unterminiert und eingeschränkt, sondern vielmehr umgekehrt kräftig unterstützt und mitgetragen wird.“[74]

4.5.2 Zeitliche Strukturen des Ehrenamts

Ein Merkmal des „Neuen Ehrenamts“ soll der Projektcharakter und damit die zeitliche Überschaubarkeit des Engagements sein. Das zu ermöglichen wird immer wieder als eine Anforderung an die Träger ehrenamtlicher Arbeit gestellt. Oft gewinnt man den Eindruck, dass das der „Königsweg“ ist, Ehrenamtliche zu gewinnen.

Wie sieht demgegenüber die Wirklichkeit aus? Im Freiwilligensurvey heißt es dazu: Es „kann festgehalten werden, dass freiwilliges Engagement keine zeitlich beliebige Angelegenheit, sondern (trotz vielfältiger Unterschiede und gewisser Verschiebungen in den Bereichen) von stabilen Strukturen bestimmt ist. Die Bereiche ‚Sport und Bewegung', ‚Kultur und Musik', ‚Soziales', ‚freiwillige Feuerwehr und

---

[72] A.a.O., S. 102 f

[73] Helmut Klages: Engagement und Engagementpotential in Deutschland. Erkenntnisse der empirischen Forschung, in: Aus Politik und Zeitgeschichte; B 38/98, S. 31

[74] A.a.O., S, 32

Rettungsdienste' und teilweise ‚Kirche und Religion' sind für solche stabilen Strukturen besonders typisch".[75] Zum kirchlichen Bereich heißt es: „Im Bereich ‚Kirche und Religion' waren die Tätigkeiten zwischen 1999 und 2004 zwar abnehmend mit regelmäßigen terminlichen Verpflichtungen verknüpft (allerdings auf hohem Niveau), dennoch zunehmend zeitlich unbegrenzt angelegt." [76] Da nach dem Freiwilligensurvey das ehrenamtliche Engagement für den Bereich „Kirche und Religion" von 1999 bis 2004 leicht zugenommen hat, scheinen die zeitlichen „Arbeitsbedingungen" im kirchlichen Bereich auf Akzeptanz zu stoßen. Die erwähnten Veränderungen sind ein Zeichen für eine breiter gewordene zeitliche Palette kirchlicher Engagementmöglichkeiten.
Diese Ergebnisse stehen im deutlichen Widerspruch zu dem für das „Neue Ehrenamt" angeblich kennzeichnenden projektorientierten, eher kurzfristigen Engagement. Kurzfristige wie langfristige Engagements stehen zweifellos nebeneinander. Es stellt sich die Frage, nach welchen Gesichtspunkten ein Ehrenamt eher kurzfristig oder langfristig ausgeübt wird. Nach der Analyse einschlägiger Forschungen stellt Hildegard Müller-Kohlenberg fest: „Die Ehrenamtlichen orientieren sich bei ihrer Entscheidung vorwiegend an den Erfordernissen des konkreten Falles und der Situation der Betreuten. Im Durchschnitt betätigen sich die Freiwilligen etwa 4-8 Stunden wöchentlich"[77]. Dabei ist die Bandbreite sehr groß. Nach ihrer Erkenntnis wird in der Regel ein ehrenamtliches Engagement erst dann beendet, wenn die übernommene Aufgabe auch abgeschlossen ist. Die Engagementdauer

---

[75] A.a.O., S. 113

[76] Ebd. Insofern kann Heinrich Grosse nicht vorbehaltlos zugestimmt werden, wenn er schreibt: „Der Strukturwandel des Ehrenamts zeigt sich auch bei den zeitlichen Präferenzen von freiwillig Engagierten: Für mehr Menschen als in früheren Jahren ist die zeitliche Befristung des freiwilligen Engagements wichtig. Es gibt einen Trend weg von kontinuierlichem zu eher projektorientiertem, zeitlich begrenztem Engagement" (a.a.O., S. 6)

[77] Prof. Dr. Hildegard Müller-Kohlenberg: Verbreitet und zählebig: Klischees über das Ehrenamt. Osnarbrück 2005

beträgt, so Müller-Kohlenberg, nach einer von ihr in Berlin vorgenommenen Studie im Durchschnitt etwa 8,5 Jahre.

4.5.3 Ehrenamtliche und Hauptamtliche

Im Freiwilligensurvey wurde unter anderem auch danach gefragt, in welchem Maße die jeweiligen Organisationen Hauptamtliche beschäftigen. Zusammen mit dem Bereich „berufliche Interessenvertretung" war der Bereich „Kirche und Religion" mit 76 % Spitzenreiter. „Kirche und Religion" ist also ein in hohem Maße von Hauptamtlichen geprägter Bereich (der Durchschnitt liegt bei 46 %)[78].

Diese Konstellation scheint sich unmittelbar auf die Mitwirkungsmöglichkeiten der Ehrenamtlichen auszuwirken: Die kirchlich Engagierten sehen die Mitsprachemöglichkeiten in ihren Engagementbereichen sehr kritisch: „Mit den Bereichen ‚Kirche und Religion' (65 %) sowie ‚Kindergarten und Schule' (66 %) gibt es zwei große Bereiche, wo die Mitsprachemöglichkeiten deutlich ungünstiger eingeschätzt werden und gleichzeitig Hauptamtliche häufiger im Umfeld von Freiwilligen tätig sind als im Durchschnitt der Bereiche. Das Vorhandensein von Hauptamtlichen scheint im Zusammenhang mit dem Formalisierungsgrad und damit der Hierarchisierung einer Organisationsform zu stehen und damit Einfluss auf das Klima der Mitsprache zu haben.... Es muss also festgehalten werden, dass in den größeren und formalisierten Organisationen, vor allem aber in den öffentlichen Einrichtungen, ein erhöhter Bedarf besteht, eine Kultur der Mitentscheidung und Mitsprache zu pflegen."[79]

Damit ist das Thema Macht und Einfluss angesprochen, ein sehr sensibler und konfliktträchtiger Bereich, der im kirchlichen Kontext oft einer Tabuisierung unterliegt. Die Zusammenarbeit von Ehrenamtlichen und Hauptamtlichen ist, wie es Peter Schwarz formuliert, durch

---

[78] A.a.O. S. 133

[79] A.a.O., S. 135; in der Studie wird angemerkt, dass diese Einschätzungen bei den katholischen Engagierten deutlich ungünstiger ausfallen als bei den evangelischen.

eine „strukturelle Verwerfungslinie“ gekennzeichnet, die unabhängig von den Personen besteht: „Die Ehrenamtlichkeit der mitwirkenden Mitglieder steht im Gegensatz zur vollamtlichen Professionalität der Mitarbeiter. ... Es ist von der Tatsache auszugehen, dass die Milizer [Schweizer Begriff für Ehrenamtliche in einem institutionellen Ehrenamt] ... nur einen Teil ihrer Zeit und Arbeitskraft in den Dienst des Verbandes stellen können.“ Im Gegensatz dazu ist für die Hauptamtlichen „die Verbandsarbeit Berufsausübung“, was sich „als Informationsvorsprung, vertiefte Sachkenntnis und größere Problemnähe äußert.“[80]

4.5.4 Rahmenbedingungen für Ehrenamt

„Organisationen und Einrichtungen haben es in der Hand, freiwillig Engagierten günstige Rahmenbedingungen für ihre freiwillige Tätigkeit zu schaffen. Gute Tätigkeitsbedingungen für Freiwillige sichern deren Motivation und können andere Menschen dazu bewegen, sich freiwillig zu engagieren.“[81]

Und was wünschen sich nun Ehrenamtliche bzw. wo sehen sie Verbesserungsbedarf?

Mit 63 % liegt der Wunsch nach „mehr Finanzmitteln für bestimmte Projekte“ auf Platz 1 der Wunschliste. Dahinter steht der Wunsch nach eigenverantwortlichen Gestaltungsmöglichkeiten. Werden Projekte, die von Ehrenamtlichen in eigener Regie verantwortet werden, finanziell angemessen oder gar großzügig ausgestattet, wird dies sicher auch als eine Form der Wertschätzung und Anerkennung verstanden. Die weitere Reihenfolge:

„Bessere Bereitstellung von Räumen, Sachmitteln etc.“ (43 %),
„bessere Weiterbildungsmöglichkeiten“ (35 %),
„bessere fachlichen Unterstützung“ (34 %),
„unbürokratische Kostenerstattung“ (33 %),

---

[80] Peter Schwarz: Management in Nonprofit Organisationen, Wien 1992, S. 236
[81] A.a.O., S. 186

„bessere Anerkennung der Freiwilligen durch Hauptamtliche“(28 %) und
„bessere finanzielle Vergütung für die Freiwilligen“ (22 %)[82].
Im Freiwilligensurvey wird vermerkt: „Die Frage der Anerkennung freiwilliger Tätigkeit stellte sich 2004 besonders deutlich bei den Engagierten in der Organisationsform ‚Partei‘ (44 %), gefolgt von den Verbänden und Kirchen bzw. Religionsgemeinschaften (jeweils 32 %).“[83]

4.5.5 Engagementpotential

In welch hohem Maße sich Menschen bereits ehrenamtlich engagieren und wie viele zusätzlich bereit wären, das zu tun – das war eine der großen Überraschungen des ersten Freiwilligensurveys aus dem Jahr 1999. Und die Zahlen fünf Jahre später hatten sich sogar noch verbessert[84]:

Freiwillig Engagierte und „nur“ gemeinschaftlich Aktive:

	1999	2004
Freiwillig engagiert	34 %	36 %
Aktiv, aber ohne freiwillige/ Ehrenamtliche Aufgabe	32 %	34 %

Freiwilliges Engagement und Bereitschaft zum freiwilligen Engagement:

	1999	2004
Freiwillig engagiert	34 %	36 %
Zum freiwilligen Engagement *bestimmt* bereit	10 %	12 %
Zum freiwilligen Engagement *eventuell* bereit	16 %	20 %

[82] A.a.O., S. 187
[83] A.a.O., S. 188
[84] A.a.O., S. 17 f.

Wenn die Prozentzahlen umgerechnet werden, dann bedeutet das: Rund 22 Millionen Frauen und Männer über 14 Jahren sind bereits freiwillig engagiert. Diese Zahl hat Skepsis ausgelöst. Sie entspricht aber sehr dicht auch anderen Untersuchungen. Das sozio-ökonomische Panel, die seit 1984 jährlich bei 12.000 Privathaushalten durchgeführte Wiederholungsbefragung, weist einen Anstieg ehrenamtlichen Engagements nach: von 25 % 1983 auf 29 % 1998. Und der so genannte Wertesurvey von Helmut Klages geht für das Jahr 1997 von einem Engagement in Höhe von 38 % aus.[85]
Eine Herausforderung für alle auf ehrenamtliche Arbeit angewiesenen Organisationen sind die über 30% für ein ehrenamtliches Engagement latent Bereiten.
Und hier gibt der Freiwilligensurvey einen ganz entscheidenden Hinweis: Die Befragten wünschen sich eine deutlich „bessere Information und Beratung über Möglichkeiten des freiwilligen Engagements“. Das ist der mit 55 % am häufigsten geäußerte Verbesserungsvorschlag der Freiwilligen an den Staat bzw. die Öffentlichkeit.[86]

5. Das kirchliche Ehrenamt in der theologischen Kritik

In der bereits eingangs zitierten Schrift „Kirche der Freiheit“ zeigt sich – neben der formulierten Hochschätzung des Ehrenamts – allerdings auch ein problematischer Begründungszusammenhang, der auf eine Ämtertheologie rekurriert. Es ist in jüngster Zeit vor allem Prof. Dr. Ralf Hoburg, der hier seine kritische Stimme erhebt[87].

---

[85] A.a.O., S. 30 f, vgl. dazu: Helmut Klages/ Thomas Gensicke: Wertesurvey 1997.
[86] A.a.O., S. 194
[87] vergl. seinen Aufsatz: Ralf Hoburg, Zwischen Engagement und Ehrenamt. Die gesellschaftliche Diskussion als Herausforderung für Diakonie und Kirche, Hannover 2007. Auf diesen Aufsatz wird bei allen folgenden Zitaten Bezug genommen.

„Kirche der Freiheit“ verweist sicher zu Recht darauf, dass die evangelische Kirche zukünftig sicher nicht *„an jedem Ort von Hauptamtlichen verantwortetes geistliches Leben in verlässlicher und kontinuierlicher Weise“*[88] gewährleisten kann, um dann zu betonen:

„In solchen Situationen hilft die Konzeption des Priestertums aller Glaubenden - durchaus auch in Differenz zur katholischen Schwesterkirche – dabei, die ehrenamtliche Beauftragung darin zu würdigen, dass sie gottesdienstliches Leben am jeweiligen Ort ermöglicht“[89].

Für Hoburg ist das sicher ein typisches Beispiel dafür, wie das Ehrenamt in unguter Weise an das Pfarramt gewiesen ist und dabei vorrangig als Lückenfüller oder Zuarbeiter gesehen wird, *„auch wenn der Begriff des Priestertums aller Gläubigen eine größtmögliche Freiheit und Autonomie suggeriert“*. Für Hoburg ist klar, dass das kirchliche Ehrenamt zu stark an die Kirchengemeinde und eben das Pfarramt gebunden ist, er spricht sogar von einer „Knebelung“[90]. Die Folgen davon sieht Hoburg als gravierend an. Das kirchliche Ehrenamt fällt damit nämlich einer Milieuverengung anheim:

„Aus dieser Knebelung an die Institution bzw. die Organisationsform der Kirchengemeinde resultiert eine verminderte Marktchance: Nur Menschen aus eher traditionsorientierten und stark kleinbürgerlichen

---

[88] vergl.: Kirche der Freiheit, 68

[89] Kirche der Freiheit, ebenda. Ein weiteres Zitat aus dem Impulspapier soll diese Schwachstelle weiter verdeutlichen: „Das Ehrenamt wird heute dort besonders wichtig, wo es um die geistliche Präsenz des evangelischen Glaubens in der Nähe zu den Menschen geht. Denn die Dehnung des parochialen Netzes führt dazu, dass viele kleine Ortschaften..... nicht mehr hauptamtlich versorgt werden können“, ebenda. P. Scherle sagt zu Recht aus: „Es ist keine Aufwertung des Ehrenamtes, wenn es die Lücken schließen soll, die Stellenstreichungen hinterlassen“, (Ort, siehe Anmerkung 1).

[90] Siehe dazu die ambivalente Bedeutung Hauptamtlicher für ehrenamtliche Systeme, Kap. 4.5.3.

Milieus sehen im kirchlichen Ehrenamt für sich eine adäquate Form des Engagements".

Damit aber ist es nicht in der Lage, dem sogenannten „neuen Ehrenamt" Gestaltungsmöglichkeiten einzuräumen und verliert in der Gesellschaft insgesamt an Bedeutung.

Hoburgs Kritik richtet sich also zum einen gegen die von ihm real wahrgenommene Verflechtung zwischen Ehrenamt und Pfarramt und die einseitige Zurückführung des Ehrenamtes aus dem *„Amt der Verkündigung"*[91].
Gleichzeitig sieht Hoburg in der Entwicklung der Diakonie mit der Bildung der Vereinstätigkeit durch die Innere Mission im 19. Jahrhundert den Grund dafür, dass die Kirchengemeinde weithin den Horizont des sozialethisch begründeten Tuns vor allem in ihren Nachbarschaftsräumen an eben diese neuen diakonischen Einrichtungen verloren hat[92]. Das Ergebnis war und ist, dass das kirchliche Ehrenamt seinen sozialräumlichen Bezug eingebüßt hat[93]. Es ist sozusagen auf sozialethischem Gebiet blind geworden. Das diakonische Ehrenamt wiederum hat aber keinen wirklichen Bezug zur Kirche mehr und ist damit ortlos geworden. Hoburg erinnert in diesem Zusammenhang völlig zurecht daran, dass die Anfänge der Inneren Mission z.B. auch in der Gestalt eines J.H. Wichern die Zuwendung zum Nächsten im Horizont einer Reich- Gottes Arbeit und damit vor allem auch als

---

[91] Hoburg: „Die theologische Begründung aus dem Amt der Verkündigung behindert eine innovative Weiterentwicklung des Verständnisses des Ehrenamtes und hält es auf der Ebene eines eher unselbständigen „Hilfsdienstes" in der Gemeinde fest", S. 2

[92] Siehe dazu Kapitel 2.2

[93] Hoburg: Mit dieser – extrem ausgesprochen – geistigen Knebelung des Ehrenamtes in der Kirchengemeinde hat das Ehrenamt in der Kirche bereits im 19. Jahrhundert sein diakonisches Profil verloren, weil es die Überschreitung der Gemeindemauern hin zur Gesellschaft, zur sozialen Nachbarschaft in Dorf und Stadt verliert und sich nur auf eine organisatorische „Hilfsebene" in der Gemeinde beschränkt", S.2.

geistliche Arbeit verstanden haben[94]. Sehr klar kann Hoburg dann sagen:

„Diesen theologischen Duktus der Reich-Gottes-Arbeit hat die Diakonie inmitten aller Ökonomisierung verloren".

Die von Hoburg geäußerte Kritik will also Fehlentwicklungen des kirchlichen und des diakonischen Ehrenamtes aufzeigen, die für ihn jeweils in einer Verkürzung ihrer Aufgabenbeschreibung bzw. im Verlieren ihrer geistlichen Heimat bestehen, sowie auf eine falsch verstandene Ämtertheologie (das Ehrenamt als Lückenfüller und Zuarbeiter des Haupt/Pfarramtes) hinweisen. Zusätzlich berücksichtigt er dabei, dass sich das sogenannte „neue Ehrenamt" aus neuen Motivlagen her speist und das kirchliche Ehrenamt in der vorhandenen Form diese kaum berücksichtigt bzw. darauf eingeht.

Der Autor belässt es aber nicht bei dieser deutlichen Kritik, sondern gibt als Zielvorstellung für das kirchliche und das diakonische Ehrenamt aus:

„1. Das kirchliche Ehrenamt muss sich klarer und deutlicher sozialräumlich begreifen lernen und seinen Aktionsraum in die Nachbarschaft ausdehnen.

---

[94] Der Gedanke, christliches Handeln im Horizont des Reiches Gottes zu beschreiben, taucht z.B. auch bei K. Barth und E. Jüngel auf. Letzterer kann sogar programmatisch schreiben: „,….aus der Hoffnung auf Gottes kommendes Reich schöpft der Glaubende auch weltliche Hoffnung für die Zukunft, die wir selber zu machen haben. …. Er hofft, wenigstens entfernte – sehr entfernte – Gleichnisse des Reiches Gottes auf Erden als Ziele menschlichen Handelns der menschlichen Vernunft plausibel machen zu können, und ist entschlossen, an der Verwirklichung dieser Ziele so gut wie möglich mitzuwirken", in E. Jüngel: Meine Theologie kurz gefasst, in ders.: Wertlose Wahrheit. Zur Identität und Relevanz des christlichen Glaubens; theologische Erörterungen III, München 1990, S. 13.

2. Das diakonische Ehrenamt muss sich klarer und deutlicher verorten lernen und benötigt die Kirche als Deutungsraum ihres sozialen Handelns, um biblisch-theologisch ihr diakonisches Profil zu gewinnen".

Nimmt man die Ergebnisse der biblisch-reformatorischen Bestimmung und Entwicklung des Ehrenamtes nun in die Diskussion der Kritikpunkte von Hoburg mit hinein, so ergeben sich sicher notwendige Korrekturen an dem von ihm Gesagten. Es hat sich gezeigt, dass die Gemeinden nicht erst im 19. Jahrhundert ihren sozial-ethischen und sozial-diakonischen Horizont verloren haben, sondern diese Entwicklung schon im Mittelalter einsetzte und sich dann besonders stark in der Zeit nach der Reformation durchsetzte. Man muss im Gegensatz zu Hoburg wohl vielmehr feststellen: Gerade weil der Staat (!) im 19. Jahrhundert der Armenfürsorge nicht mehr ausreichend nachkam, bildete sich die Vereinstätigkeit der Inneren Mission heraus. Schon wesentlich früher jedenfalls ist dieser Aufgabenbereich aus der Ortsgemeinde in die politische Gemeinde übergegangen.

Fazit:
Auch wenn die Beschreibung der von Hoburg kritisierten Entwicklung in seiner historischen Entwicklung hier nicht geteilt wird, so ist seinen oben zitierten Kernpunkten 1.) und 2.) sehr wohl beizupflichten. Das bedeutet:
Weiterentwicklungen des kirchlichen Ehrenamtes müssen sich der Herausforderung stellen, dass das sozial-ethische Engagement in der Ortsgemeinde oftmals nicht ausreichend deutlich ausgeprägt ist und dass das Handeln der Diakonie auch im ehrenamtlichen Bereich häufig nicht klar genug als Lebensäußerung der Kirche wahrnehmbar ist. Dies allerdings ist nicht nur eine Anfrage an den ehrenamtlich arbeitenden Teil der Diakonie, sondern betrifft vielmehr das Verhältnis von Kirche und ihrer Diakonie überhaupt. Und genau auf diesem sehr weiten Felde lassen sich seit einiger Zeit durchaus interessante Bewegungen erkennen.

6. Lösungsansätze und Perspektiven

6.1 Kirche und Diakonie arbeiten zusammen

Zunächst ist festzustellen und zu begrüßen, dass bei der fortwährenden Ökonomisierung im Gesundheitssektor immer klarer erkannt wird, welch ein Vorteil es für Kirche und ihrer Diakonie sein kann, die wechselseitigen Stärken zu betonen und die Zusammenarbeit auch im ehrenamtlichen Bereich zu fördern. Es ist z.B. kein Zufall, dass die von der hessen-nassauischen Kirchenleitung am 25.10.2007 verabschiedeten Antragsrichtlinien über „Finanzmittel zur Unterstützung der Arbeit der Sozial- und Diakoniestationen zur Stärkung des Diakonischen Profils" stark in Richtung „Vernetzung Diakonie – Kirchengemeinde" und „Stärkung und Ausbau ehrenamtlicher Arbeit" abzielen. In den dazugehörenden Papieren wird sehr deutlich herausgestellt, dass der kirchliche Hintergrund und die Verbindung zur Ortsgemeinde geradezu Markenzeichen der evangelischen Diakoniestationen sind bzw. wieder viel stärker werden müssen. Ganz in diesem Sinne wird auch in der „Perspektive 2025" der enge Bezug von Diakonie und Gemeinde betont und als entwicklungswürdig skizziert[95].

Schaut man sich zweitens nun z.B. die Entwicklung der Entstehung und Einrichtung von sogenannten „Tafeln" auch und gerade initiiert und getragen von Kirchengemeinden an, dann wird man davon sprechen können, dass die verschärfte soziale Lage eben auch die Bereitschaft fördert, als Kirche in Gemeinde und Diakonie zur Linderung der Notlage beizutragen. Die rasche Ausbreitung der sogenannten „Tafeln" jedenfalls macht Mut, hier an einen neuen Prozess auch innerhalb der Kirchengemeinden zu glauben. Die EKHN jedenfalls hat mit ihrer Schrift „Die Zukunft des Sozialstaates und unsere Verant-

---

[95] Perspektive 2025. Prozess zur Entwicklung von Prioritäten und Posteriotäten in der EKHN. Abschlussbericht und Empfehlungen der Kirchenleitung. Drucksache Nr. 27/07, S. 35 f

wortung. Sozialwort der Synode der Evangelischen Kirche in Hessen und Nassau. Anregungen. Beispiele. Konkretionen" exemplarisch eindrücklich gezeigt, was in Gemeinden, Werken und Diensten alles möglich ist und konkret auf diesem Feld getan werden kann und auch schon längst getan wird. Dem Abschluss des Vorwortes von Präses der Synode, Prof. Dr. Karl Heinrich Schäfer, kann man nur zustimmen, wer es diesen Konkretionen wünscht:

„Menschen, die sich anspornen lassen zu eigenem Dienst in der Liebe als Christinnen und Christen, und die als Bürgerinnen und Bürger genauso entschieden eintreten für soziale Gerechtigkeit"[96].

Einen wesentlichen Schritt im Sinne des von Hoburg als Lösungsweg charakterisierten weiter gegangen ist z.B. die Evangelische Kirche Berlin-Brandenburg-Schlesische Oberlausitz. Sie hat versucht, kirchliches und diakonisches Ehrenamt nicht etwa zu vereinheitlichen, aber doch unter einem Dach zusammenzufassen und dezidiert aus dem Ansatz der von Gott geschenkten Charismen zu begründen. Entstanden ist dabei zunächst die Freiwilligenagentur „Charisma" für Kirche und Diakonie, deren Leitsätze hier als dritter Aspekt dokumentiert werden:

„Leitsätze

1.) Freiwilliges Engagement in der Kirche und ihrer Diakonie wurzelt in der Gewissheit, dass den Menschen verschiedenste Begabungen – Charismen – von Gott zukommen (vgl. z.B. 1. Kor 12, 4-11).

---

[96] Prof. Dr. Karl Heinrich Schäfer, in: „Die Zukunft des Sozialstaates und unsere Verantwortung. Sozialwort der Synode der Evangelischen Kirche in Hessen und Nassau. Anregungen. Beispiele. Konkretionen", Darmstadt 2008, Seite 7

2.) Auf dieser Vielfalt der Gaben gründet sich seit ihren Anfängen das Leben und Handeln der christlichen Gemeinschaft.

3.) Gebot und Auftrag für Christinnen und Christen ist es, die eigenen Begabungen und
Fähigkeiten zu entdecken und zum Wohle ihrer Nächsten einzusetzen.

4.) Wo Menschen den Schatz ihrer Gaben in bürgerschaftliches Engagement einbringen, gewinnen sie Lebensfreude und Bestätigung, Qualifizierung und Gemeinschaft.

5.) Mit der Freiwilligenagentur „Charisma" setzen sich das DWBO und die EKBO zum Ziel, Menschen gezielte Möglichkeiten zu eröffnen, ihre Gaben in Projekten bürgerschaftlichen Engagements von Kirche und Diakonie zur Entfaltung zu bringen.

6.) Dies geschieht durch professionelle Beratung und Begleitung von interessierten
Männern, Frauen und Jugendlichen. In gleicher Weise werden selbstverständlich auch
die Einrichtungen, Dienste und Projekte im Raum von Kirche und Diakonie begleitet.

7.) Indem die Freiwilligenagentur Handlungsräume aufzeigt und vermittelt, in denen sich Menschen ihren Begabungen gemäß zum Wohle anderer engagieren können, handelt sie im Verantwortungsbewusstsein für den Auftrag, der Christinnen und Christen durch alle Zeiten hindurch gegeben war und ist:

8.) „Alle sollen einander mit den Begabungen dienen, die sie empfangen haben."
(1. Petrusbrief 4, 10)[97] *"*

---

[97] Leitsätze unter www.charisma-diakonie.de

An „Charisma“ besticht vor allem dreierlei.
Zum ersten agieren hier verfasste Kirche und ihre Diakonie unter einem gemeinsamen Dach. Beide bieten die Möglichkeit unter diesem einen Dach, ehrenamtliche Dienste nachzufragen oder anzubieten, d.h. auf der einen Seite können Einrichtungen, Gemeinden und Projekte Möglichkeiten ehrenamtlicher Mitarbeit und damit verbundene Anforderungsprofile in den Datenbestand von Charisma eintragen. Auf der anderen Seite können Interessierte nachschauen, ob sie interessante Angebote für sich finden.
Es kommen dadurch also sowohl die sozial-ethischen Dimensionen des Ehrenamtes zur Geltung wie auch die klassischen kirchengemeindlichen Themen- und Aufgabengebiete. Die von Hoburg genannten Schatten von Kirche und ihrer Diakonie werden damit jeweils wechselseitig aufgenommen. Die diakonischen Ehrenämter werden unter dem gemeinsamen Dach von „Charisma“ eher wieder mit der Kirche verzahnt und das sozialethische Defizit der Kirchengemeinden durch die Betonung eben der diakonischen Dienste ausgeglichen. Natürlich kann eine solche Freiwilligenagentur dazu nur ein erster Schritt sein, aber gerade auch der muss und soll gegangen werden.
Die Leitsätze von „Charisma“ beziehen sich dabei auf die grundlegende theologische Aussage, mit den selbst empfangenen Begabungen sorgsam zugunsten anderer Menschen umzugehen. Es wird also zum zweiten gerade mit dem spezifisch-theologischen Verständnis des kirchlichen Ehrenamtes geworben und dabei in Leitsatz 2 an die Urchristenheit angeknüpft. Indem die Leitsätze 3 und 7 vom „Wohl des Nächsten“ bzw. von der ehrenamtlichen Betätigung als „zum Wohl anderer“ reden, markieren sie den Zielpunkt des christlich verstandenen Ehrenamtes. Gleichzeitig werden in Leitsatz 4 Inhalte aufgegriffen, die für das so genannte „neue Ehrenamt“ als Motivationsgrundlage wesentlich sind. Und genau an dieser Schnittstelle hat sich auch die weitere Diskussion zu orientieren. Während die kirchlich-theologische Grundlegung betont, dass es sich beim Ehrenamt um ein Tun für den Nächsten im Horizont der „Option für die Armen“ handelt, wird das

„neue Ehrenamt" stark von der Bedürfnislage der freiwillig Engagierten gespeist. Hier findet damit eine Art Perspektivenwechsel statt, der gut beachtet sein will. In den meisten Fällen wird es dabei große Schnittmengen zwischen dem geben, was kirchlicher Auftrag ist und dem, was freiwillig Engagierte an ehrenamtlichen Tun auch machen wollen. Stellvertretend sei hier darauf verwiesen, dass Kurse zur Ausbildung im ambulanten Hospizbereich vielfach überlaufen sind. Es mag aber auch Bereiche z.B. im so genannten wellness Bereich geben, wo die Frage immer neu zu diskutieren sein mag, ob und wie Kirche sich hier zeigen, engagieren soll. Was aber kann einer Kirche Besseres passieren als dass dadurch angeregt lebhaft über Grundfragen des kirchlichen Auftrags diskutiert wird?

6.2. Qualifizierung von Haupt- und Ehrenamtlichen

An dieser Stelle sei daran erinnert, dass die von Hoburg ebenfalls problematisierte Zuordnung von Haupt- und Ehrenamt bzw. von Pfarramt und Ehrenamt schon vielfältig neu gedacht wird. Es ist erkannt, dass hier in der Aus- und Fortbildung der Hauptamtlichen Akzente neu gesetzt werden müssen. Das Thema „Hauptamtliche in einer durch Ehrenamtliche geprägten Organisation" – seien es Pfarrer/innen, Kirchenmusiker/innen oder Gemeindepädagoginnen und -pädagogen – muss in der Aus- und Weiterbildung einen herausragenden Platz erhalten. Dabei ist die in Kapitel 4.5.3 skizzierte „strukturelle Verwerfungslinie" zwischen Haupt- und Ehrenamtlichen sicher ein ganz zentrales Thema, da es unmittelbar die Qualität der Zusammenarbeit berührt. Eine weitere Facette, die eng mit dem Vorhergehenden verbunden ist, stellt die immer wieder notwendige Rollenklarheit und Rollenklärung von Ehren- und Hauptamtlichen dar, anders formuliert: Es ist eine ständige Aufgabe, sich der eigenen Identität als hauptamtlich und ehrenamtlich Tätige zu vergewissern und diese konstruktiv aufeinander zu beziehen. Diese Themen sind natürlich auch für Fortbildungsangebote für Ehrenamtliche sinnvoll und notwendig.

All dies ist theologisch wie auch pragmatisch von entscheidender Bedeutung für die Zukunftsfähigkeit der Kirche.

6.3. Die Ehrenamtsakademie aufwerten

Es ist gleichfalls erkannt, dass die Ehrenamtlichen in vielfältigen Arbeitsgebieten gute Fortbildungen brauchen. Nicht zuletzt die Einrichtung der Ehrenamtsakademie der EKHN zeigt, wie sehr hier in den letzten Jahren klare Wegmarkierungen in Richtung einer guten Stärkung des Ehrenamtes gesetzt wurden.
Bei dem bisher Erreichten sollte es aber nicht bleiben. Die Einrichtung der Ehrenamtsakademie als Agentur für die Fortbildung der institutionellen Ehrenämter war ein hervorragender Schritt und eine gute Botschaft an die dort Engagierten.
Wie der Freiwilligensurvey gezeigt hat, wären viele Menschen bereit, sich ehrenamtlich zu betätigen, wenn sie denn an entsprechende Informationen und Angebote gelangen könnten. Hier hat die EKHN einen deutlichen Nachholbedarf. Der Zugang zu einem Ehrenamt ist gewissermaßen völlig „zersplittert" und für Außenstehende weitgehend undurchsichtig. Die Zukunftsaufgabe könnte darin bestehen, eine eindeutige und in dieser Eindeutigkeit gut kommunizierbare Adresse für ehrenamtliches Engagement zu entwickeln. Das sollte die bereits bestehenden Zugangswege – von der Gemeinde bis zu den funktionalen Diensten – natürlich nicht ersetzen, aber ergänzen. Da die Ehrenamtsakademie von ihren Namen her das Feld Ehrenamt gewissermaßen „besetzt", sollte sie auch dafür genutzt werden. Von daher empfehlen wir eine Ausweitung des Aufgabenspektrums der Ehrenamtsakademie als die zentrale Anlauf- und Auskunftstelle für das Ehrenamt in der EKHN. Und warum sollte das nicht auch – ganz im Sinne des Abschnitts 6.1 und des Anliegens der „Perspektive 2025" – gemeinsam mit dem Diakonischen Werk in Hessen und Nassau (DWHN) geschehen?

Eine derart ausgebaute Ehrenamtsakademie kann auch als ein Instrument verstanden werden, produktiv auf die Differenzierung unserer Gesellschaft z.B. in unterschiedliche soziale Milieus zu reagieren: Sie bietet zusätzliche Zugangsmöglichkeiten zu kirchlich-diakonischen Engagementangeboten. Das würde die Intention des zweiten Gestaltungsprinzips der „Perspektive 2025" mit aufnehmen[98].

6.4. Die Ehrenamtsakademie braucht einen Ort

Gerade unter dem Aspekt eines eigenständigen theologischen Profils für das kirchliche und diakonische Ehrenamt sollte die Ehrenamtsakademie so ausgestattet werden, dass sie mehr ist als eine Vermittlungsagentur. Sie sollte und könnte der Ort sein, an dem die theologische Reflexion zum Ehrenamt fortgeführt und vertieft wird. Damit wird das Gestaltungsprinzip 7 der „Perspektive 2025" gezielt aufgegriffen: „Höhere Sprachfähigkeit aller Mitarbeitenden erreichen bezüglich ihres eigenen Glaubens und der Identifikation mit dem kirchlichen Auftrag" [99] Dazu braucht es, neben einer entsprechenden personellen Ausstattung, auch eines attraktiven Orts, der auch von daher die Aufgabe erfüllen kann, die Identität kirchlicher Ehrenamtlicher zu stärken und zu entwickeln. Deshalb empfehlen wir, eine bestehende kirchliche Einrichtung (z.B. das Kloster Höchst, das Religionspädagogische Studienzentrum oder das Haus Friedberg) als einen erkennbaren Ort für Ehrenamtliche auszubauen und zu profilieren. Ehrenamtliche aus allen Engagementbereichen könnten hier Fortbildungsangebote wahrnehmen, sie könnten durch entsprechende Angebote in ihrer christlichen Identität gestärkt werden und auf diese Weise auch deutliche Anerkennung und Würdigung erfahren. Dieser Ort könnte auch von den Handlungszentren mit entsprechenden Angeboten „bespielt" werden. Auf diese Weise würde eine gute Vernetzung der unterschiedlichen Anbieter erreicht werden. Auch diese Akzentsetzung könnte von der

---

[98] A.a.O., S. 9 f
[99] A.a.O., S. 12

EKHN und dem DWHN gemeinsam entwickelt und getragen werden. Ein solcher Ort könnte selbstverständlich auch für das gemeinsame Lernen von Haupt- und Ehrenamtlichen genutzt werden. Eine Ehrenamtsakademie, die mit solch einem Auftrag auch mit einem Ort verbunden ist, soll regionale und parochiale Angebote im Sinne des Gestaltungsprinzips 7 nicht ersetzen, könnte aber eine impulsgebende und exemplarische Funktion dafür übernehmen.

6.5 Erkennbarkeit nach innen und außen

Eine wie oben skizzierte Ehrenamtsakademie könnte für die in Kirche und Diakonie ehrenamtlich Tätigen ein gut erkennbarer Ort sein, der motivierend und anregend für das Ehrenamt in Kirche und Diakonie steht: Erkennbarkeit nach innen.

Daneben muss das kirchlich-diakonische Ehrenamt auch nach außen, gegenüber den gesellschaftlichen Partnern gut erkennbar sein und profiliert auftreten. Damit sind der Staat, die politischen Einrichtungen, andere Verbände wie auch das immer weiter wachsende Netzwerk im Freiwilligenbereich gemeint. Kirche und Diakonie können selbstbewusst auftreten, sie haben das Recht und auch die Ressourcen, sich am gesellschaftlichen Diskurs zum Ehrenamt, zum bürgerschaftlichen Engagement etc. zu beteiligen. Sie sind ein starker Partner, der auch weithin geschätzt wird.
Dabei könnte es um zweierlei gehen: Kirche und Diakonie stehen für ein spezifisches ehrenamtliches Profil und zugleich können sie auch unterstützende Partner sein für bestehende und sich entwickelnde Netzwerke im Ehrenamts-/Freiwilligenbereich (sofern diese mit dem Auftrag und dem Selbstverständnis von Kirche und Diakonie vereinbar sind).

Für die EKHN könnte das heißen: Sie schafft eine nach außen hin erkennbare Struktur, es gibt Ansprechpartner mit „Gesicht“ und klar definierte Zuständigkeiten. Eine gute Verzahnung mit der Ehrenamtsakademie müsste dabei selbstverständlich sein.

* * *

Abschließend sei an dieser Stelle noch einmal auf den Grundgedanken des reformatorischen Verständnisses vom „Priestertum aller Gläubigen“ verwiesen: Er bildet die Voraussetzung für die Kirche heute möglichst viele Menschen dazu einzuladen, sich von der Taufe als immer wieder neu von Gott beschenkte Menschen zu verstehen und sich daraufhin in neuer Selbstverständlichkeit in Gottes Dienst nehmen zu lassen.

Dr. Steffen Bauer, Pfarrer
Dr. Ernst-Georg Gäde, Studienleiter
Zentrum für Organisationsentwicklung und Supervision der EKHN
im Juli 2008

Einblick von außen

Wenn die Lage besser als die Stimmung ist …

Dieser Text wurde im Herbst 2009 geschrieben und einigen Personen der Kirchenleitung und der Kirchenverwaltung der EKHN zugestellt. Für die Dekanekoneferenz im März 2010 wurde er leicht überarbeitet.

Zusammenfassend und prägnant kann ich über die EKHN sagen:

Die Lage ist besser als die Stimmung

Ich gründe diese Aussage auf drei Beobachtungen bzw. Einschätzungen:

1.) Die EKHN ist in vielen Bereichen mit ihren Sachentscheidungen anderen Landeskirchen voraus.
2.) Das Leitungshandeln der EKHN erscheint z.T. mühselig, langwierig, wenig stringent, oft unklar und führt dazu, dass die Stimmung in der EKHN auf allen Ebenen eingetrübt und vor allem das Stichwort „Leitung“ meist negativ besetzt ist. Meine Überlegungen stammen aus dem Herbst 2009.
3.) Andererseits kommen trotz oder wegen, in jedem Fall mit diesem Leitungshandeln sachgerechte und zukunftsfähige Lösungen zustande, die allerdings wegen der Stimmungslage kaum ausreichend gewürdigt werden.

Zu 1.) Die EKHN ist anderen Kirchen voraus!
In Hessen und Nassau angekommen, habe ich von Anfang an gestaunt:

> So etwas wie das ZOS, ab 1.1.2010 IPOS, kennen wir Badener nicht. Die Gemeindeberatung ist dort im Jahr 2009 erst-

mals mit einer halben Stelle hauptamtlich besetzt, immerhin. Beim ZOS/IPOS dagegen erlebe ich fünf professionelle StudienleiterInnen, viele sehr gut ausgebildete GemeindeberaterInnen, SupervisorInnen und Coaches, die zusammen pro Jahr über 600-mal gerufen werden. Auf der Tagung des Gesamtverbandes im Januar 2009 wurde mir deutlich wie einmalig dieses Zentrum, Institut sogar innerhalb der ganzen EKD ist.
Von der Existenz eines Konflikttelefons auf der Ebene der badischen Landeskirche hatte ich vergleichbar noch nie gehört. Es gibt dort auch heute noch keins. Beim ZOS angesiedelt ist es dagegen in der EKHN eine feste Einrichtung und wird schlicht und einfach dringend gebraucht.
Ich durfte und darf im Prozess 2025 beim Projekt „Stärkung des Ehrenamtes" von Seiten des ZOS/IPOS mitarbeiten und weiß seitdem über die Arbeit der Ehrenamtsakademie gut Bescheid. Über solch eine Einrichtung wird in Baden immer mal gesprochen, installiert ist noch nichts. Dem Fortbildungsangebot steht in Baden fast folgerichtig auch nichts Vergleichbares gegenüber.
Ich darf mit Gaststatus bei der Zeitschrift „Gemeinde leiten" mitarbeiten. Vor 2 Jahren waren die EKHN, die EKKW und die Bayern noch unter sich. Dann kam Hannover dazu und nun die Nordelbische Kirche. In Baden ist mir diese Zeitschrift nie begegnet, sondern nur Älteste (=Kirchenvorstände), die so eine Zeitschrift als Hilfe und Bereicherung empfunden hätten, aber natürlich nichts von ihr wissen.
Ich arbeite sehr umfangreich beim Projekt „Zukunftssicherung der Diakoniestationen" mit, habe an der Broschüre „Balance halten" mitgewirkt und in 2009 schon über 40 Stationen und damit fast 1000 Mitarbeitende vor Ort mit einer Einführung in diese Balance-Übung aufgesucht. Zu meinem großen Erstaunen (und Freude) wird in der EKHN über die Verwendung

von mehreren Millionen € aus Kirchensteuermitteln gerungen, die die Synode speziell für die Diakoniestationen bewilligt hat. In Baden gibt es diese Fragestellung nicht, denn keine Synode hat irgendetwas für Diakoniestationen bereitgestellt. Natürlich werden die Diakonischen Werke vor Ort mit Kirchensteuermitteln unterstützt. Aber dies sind pauschale Zuweisungen. Es ergibt sich eine ganz andere Dynamik, wenn eine Synode für einen bestimmten Arbeitszweig konkrete Mittel zur Verfügung stellt.

Aus einigen Besuchen in den Diakoniestationen ergeben sich konkrete Folgeprojekte bzw. Aufgabenstellungen, die auch die Fachberatung des DWHN erfordern. Ich habe von dort Zahlenmaterialien (z.B. im Bereich Benchmarking) zur Verfügung bekommen, die vergleichbar in Baden nicht erhoben geschweige denn bewertet werden. Überhaupt sind die vom DWHN in Auftrag gegebenen Schulungen für Vorstände, PDL, Geschäftsführungen und nun auch für die Mitarbeitenden vorbildlich.

Überall in der EKD wird davon gesprochen, dass man die Milieuverengung in den Gemeinden überwinden müsse. In der EKHN wird den Gemeinden aber auch konkrete Unterstützung angeboten wie man dies tatsächlich vollziehen kann. Die Kirchenverwaltung, das ZGV und das ZOS sind an der Thematik aus unterschiedlichen Perspektiven und doch gemeinsam und vernetzt dran. Ich selbst war mit dieser Thematik bei 35 Kirchenvorständen zu Gast. In diesen Gemeindeleitungen war der Wunsch ganz ausgeprägt, neu in den Lebens- und Sozialraum vor Ort zu schauen. Beim Zukunftskongress der EKD in Kassel im Herbst 2009 konnte man sehen wie weit die EKHN auch bei dieser Thematik im Vergleich zu anderen Landeskirchen ist.

Ich habe als ehemaliger Dekan von Heidelberg ganz besonderes Interesse an der Dekanatsstrukturreform der EKHN. In

Baden herrscht demgegenüber nach wie vor ein anderer Vorstellungshorizont bezüglich des Dekaneamtes. Bis auf ganz wenige Ausnahmen wird es als ein Nebenamt verstanden und von daher ist es normal, wenn der badische Dekan vor allem verantwortlich für seine Pfarrgemeinde ist. Wenn man sich dagegen die Ergebnisse der Reform in Hessen und Nassau anschaut und an einer Sitzung bezüglich der Aufplanung der weiteren Fortbildungsmodule für Dekane der EKHN teilnimmt, dann merkt man, welch eine andere Vorstellung vom Dekaneamt hier schon längst Einzug gehalten hat.
Ich möchte eine letzte Beobachtung anfügen. Als in Baden die 12 Jahres Gespräche anberaumt wurden, da erließ die Synode das Gesetz und es wurde vor Ort vollzogen. Keiner kam auf den Gedanken, den Beteiligten und Betroffenen Unterstützungs- und Schulungsmaßnahmen anzubieten. In der EKHN habe ich die Umsetzung der 10 Jahres Gespräche mitbekommen und gesehen, welch umfangreiche Unterstützungsmaßnahmen zeitgleich eingeführt wurden.

Wenn ich dieses Sehen mit zwei Worten zusammenfassen soll, dann sage ich: Herzlichen Glückwunsch.

Zu 2.) Die Stimmung in der EKHN ist schlechter als die Lage

Quer zu diesen Beobachtungen steht aber die Stimmungslage innerhalb der EKHN. Nicht nur, aber vor allem der Prozess 2025 hat viele in dem Urteil bestätigt, dass zielgerichtetes Leitungshandeln in der EKHN kaum zu praktizieren sei. Ich habe natürlich zu wenige Einblicke in Tradition, Kultur und Gepräge der EKHN, aber es fallen mir seltsame Widersprüche auf.

Auf der einen Seite wird auf allen Ebenen der Kirche immer wieder ein Leitungshandeln mit klaren Zeit- und Zielvorgaben angemahnt, auf der anderen Seite scheint man froh zu sein, in so mancher Unklarheit seinen eigenen Weg ungehindert und meist auch ungestört gehen zu können.

Auf der anderen Seite ruft man nach klaren Vorgaben für die eigene Arbeit, steht aber jeder Vorgabe von außen und von oben grundsätzlich erst mal misstrauisch gegenüber.

Immer wieder sind deutlich hysterische Züge wahrnehmbar. Man springt auf anfahrende Züge auf, aber auch schnell wieder ab. Man wirbelt Ideen hoch und lässt sie schnell wieder fallen. Man bringt sich in Debatten ein, aber ganz schnell zuckt man auch wieder zurück, setzt sich auf die Empore, um von dort dem bunten Treiben anderer zuzuschauen. Man fühlt sich von anderen nicht recht wahrgenommen und in jedem Fall nicht ausreichend gewürdigt, zugleich will man sich aber auch nicht zu sehr in die eigenen Karten schauen lassen.

In jedem Fall erlebe ich bei meinen Besuchen, bei vielen Gesprächen, die ich führe, ein hohes Maß an persönlicher Frustration und Enttäuschung. Die Stimmung ist eingetrübt und diese düstere Stimmung ist mitunter so stark, dass die Lage oftmals als ebenso düster eingeschätzt wird. Wenn ich meine Außenperspektive einfließen lasse, dann höre ich keinen Satz häufiger als den überraschten Ausruf „So habe ich das noch nicht gesehen…“.

Zu 3.) Die wesentliche Stärke der EKHN liegt in ihrer Buntheit – auch in der Leitung.

Ich will diese Stimmungslage keineswegs klein reden und dennoch betonen: Der EKHN gelingt es offenbar trotz bzw. wegen, in jedem Fall mit dieser dauerhaft unklaren Leitungssituation gute Ergebnisse hervorzubringen.

Und ich habe mich in den ersten Monaten sehr oft bei dem Gedanken ertappt: Wie toll wäre es doch, könnte man das eine mit dem anderen verbinden. Zukunftsweisende Sachentscheidungen bei schneller Leitungsentscheidung und –umsetzung.

Nach nunmehr über 2 Jahren in der EKHN behaupte ich aber etwas anderes:
Ich behaupte, dass die EKHN auf der Sachebene bei Zukunftsfragen der Kirche sehr gut aufgestellt ist, weil sie in ihrer Struktur, auch in ihrer Leitung ganz anders aufgestellt ist als andere Kirchen.
Gemeinden, Werke, Dienste, Bezirke, Verwaltungen haben jedenfalls ein hohes Maß an Eigenleben, auch an Kräften zur Selbstregulierung. Sie graben sich unermüdlich neue Bahnen, gehen Umwege, bohren weiter, lassen Ziele fallen und entwickeln neue. Es ist ein in hohem Maße dynamischer Prozess, der viele Menschen anzieht und mitnimmt, die kreativ und innovativ Kirche gestalten wollen. Sie bringen sich mit Ideen ein, sie suchen meist sehr selbständig nach Verwirklichungsmöglichkeiten, häufig finden sie dafür UnterstützerInnen, sie probieren ihre Ideen aus. Natürlich leidet darunter die Trennschärfe. Es gibt dann eben Überschneidungen in der Arbeit z.B. der Zentren untereinander.
Genauso erlebe ich kirchenleitendes Handeln in der EKHN. Es ist bunt, es ist oft nicht klar voneinander abgegrenzt bzw. klar aufeinander bezogen. Es ist irritierend und mühsam vom Prozess her, weil so viele mitreden, Ideen haben, sich mitunter auch wohl einfach einmischen.
Und doch sehe ich das insgesamt als eine ganz große Stärke, die erst vor einem Gegenbild so richtig hell aufleuchtet. Eine Kirche, die fast pyramidenförmig von oben nach unten geführt wird, kann und wird sich kaum Nebenwege, ständig neue Bohrungen an neuen Orten, vermeintliche QuertreiberInnen erlauben. Sie wird strukturiert und klar Wege gehen, aber diese Wege sind weniger zahlreich, nicht so bunt angelegt, auf nicht so vielen Schultern begründet wie in Hessen und Nassau. In Einzelfragen wird man dort sicher schneller und zielgerichteter handeln können. Aber sind diese Ziele und die Wege dann auch genügend geschüttelt, d.h. hinterfragt, sortiert, eingeordnet worden?
In Hessen und Nassau sind jedenfalls ganz andere Aushandlungs- und Steuerungsprozesse nötig und wirksam, um Veränderungen zu imple-

mentieren. Und was aus Sicht von Hessen und Nassau mitunter so verführerisch aussehen mag, nämlich ein schlankeres, schnelleres, präziseres Einwirken von Kirchenleitung, hat aus meiner Sicht in der Aufstellung von Kirche für die Herausforderungen der Zukunft noch zu keinem besseren Ergebnis geführt. Das gibt mir sehr zu denken.
Ich will damit nicht sagen, dass man nicht zu deutlichen Verbesserungen im Leitungshandeln der EKHN kommen muss. Ich will aber wohl sagen, dass es wünschenswert wäre, wenn man die Arbeit der EKHN mehr an ihren Ergebnissen messen und von dorther bewerten würde als an der Vielzahl der Hindernisse oder auch Umwege auf dem Weg dorthin.
Um es kurz und provokativ zu formulieren: **Die Buntheit der EKHN spiegelt sich in ihrer Leitungsstruktur wieder und das eine kann man nicht verändern ohne das andere auf Dauer ebenfalls zu verändern und womöglich zu beschädigen.**
Ein Beispiel mag dies verdeutlichen.
Ich würde in jedem Fall behaupten, dass die im Vergleich zu Baden sehr strenge organisatorische Trennung zwischen Kirche und ihrer Diakonie in Hessen und Nassau auch zu einer strengen Trennung von Kirche und Diakonie bis in die Sprache hinein geführt hat. Es stimmt eben doch der alte hermeneutische Grundsatz, dass die Veränderungen von Formen auch Inhalte verändern. Bei dem Beispiel von Kirche und Diakonie in Hessen und Nassau kann ich das nur bedauern. Sich aber z.B. beim Führungs- und Leitungsmodell von Kirche an ein Vorbild von Baden anzulehnen, würde nach meiner Meinung nicht zur Kultur und nicht zur Gestalt der Kirche in Hessen und Nassau passen. Die Buntheit der Inhalte innerhalb der EKHN ist in jedem Fall zu erhalten, denn diese Buntheit sichert die guten Ergebnisse der schon getätigten und der noch kommenden Reformen in dieser Kirche. Und eben diese Buntheit als Stärke wahrzunehmen und sie als solche auch auszudrücken, würde bedeuten, dass man wesentlich unverkrampfter über Optimierungsmöglichkeiten im Leitungshandeln dieser Kirche miteinander reden könnte. Aus einer Position der gefühlten und tatsächlichen

Stärke lassen sich Reformen immer leichter angehen als wenn man einer gefühlten Stimmung nachgibt, die die Lage permanent schlechter zeichnet als sie nach meiner Wahrnehmung tatsächlich ist.

Pfarrer Dr. Steffen Bauer

Und zum guten Schluss zum Beginn: die Andacht im Kirchenvorstand

Wer macht die Andacht und wie geht das mit den geistlichen Themen?

Ja, das gibt es: alle hören gebannt hin, man könnte eine Stecknadel fallen hören, manchen stockt der Atem.
Ja, so beginnt die Sitzung eines Kirchenvorstandes, eine ältere Frau hält die Andacht.

Gerade erzählt sie wie sie als kleines Kind in einem Luftschutzbunker im Dezember 1944 den 4. Advent erlebt hat, wie einander fremde Menschen das „Vater unser" miteinander gebetet haben und die Tränen bei ihr dabei über die Wangen gelaufen sind.
Die Sitzung zuvor hatte ein anderes Mitglied des Kirchenvorstandes von der Geburt des zweiten Kindes erzählt. Er ist selber Arzt und spricht als gläubiger Christ über das Wunder eben der Geburt und zwar ganz konkret so wie er es bei der Geburt seiner Tochter gerade erlebt hat.

Auch so, gerade so kann die Andacht zu Beginn einer Sitzung auch gestaltet sein. „Das Leben der Christen ist die einzige Bibel, die heute noch gelesen wird", diesen Satz kann man in Predigten immer wieder hören und was dann folgt, sind meist Beispielsgeschichten aus dem Leben von Christen. Denselben Gedanken, denselben Ausgangspunkt kann man aber auch für die Andachten im Kirchenvorstand wählen. Haupt- und ehrenamtliche Mitglieder verknüpfen dann ihr Glaubensleben mit markanten Lebensereignissen, sie berichten dann, was sie in diesen Momenten gehört, gelebt und geglaubt haben, von ihren Zweifeln und Anfechtungen, von ihren Hoffnungen und Freuden. Und das, was in einer guten Predigt passiert, ereignet sich dann auch zu Beginn einer Kirchenvorstandssitzung: Es wird nicht über den Glauben erzählt, sondern er wird erlebbar. Er bildet sich nämlich ab im Leben dessen, der gerade die Andacht hält.

Ich taste mich noch einmal anders an die „Andacht“ heran. Immer wieder soll sie Hintergrundwissen z.B. über die Entstehung von Texten der Bibel vermitteln, sie ähnelt mitunter einem kleinen Vortrag, sie erklärt viel und bleibt doch oft ganz fern. Mir wäre es lieber, all dies würde in einer Reihe unter der Überschrift „Bildung“ stattfinden, dort gehört es hin und dort ist es ein unverzichtbarer Bestandteil der Tradition und der Gegenwart unserer reformatorischen Kirche.
Eine Andacht aber soll gerade nicht über einen Text reden, sie soll ihn zum Klingen bringen, sie soll ihn mit dem eigenen Erleben verbinden und das können Haupt- und Ehrenamtliche gleichermaßen. Wenn meine Mutter nach dem klugen Vortrag eines Geschichtsprofessors vor einer Schulklasse über die Vertreibungen am Ende des zweiten Weltkrieges von ihrer eigenen Vertreibung berichtet, zu Fuß, hunderte von Kilometern voller Hunger und Durst, ohne Dach über dem Kopf, nicht wissend wohin, dann wird beides mal Zeitgeschichte lebendig und es ist doch jeweils ganz unterschiedlich. Leiden unsere Andachten nicht manchmal unter zu viel Geschichtserzählung und unter zu wenig Lebensgeschichte, in diesem Fall dann lebendiger Glaubensgeschichte? Und auch das gilt dann: Lebendige Glaubensgeschichten können alle Kirchenvorstände erzählen, eben aus ihrem eigenen Glaubens-Leben heraus. Das sollte dann eben nicht nur der Pfarrer machen (aber natürlich gerne auch!). Und was für die Andacht gilt, das kann man auch als eine gute Grundlage für die Behandlung mit allen geistlichen Themen gelten lassen. Da geht es dann z.B. bei Fragen des Abendmahls um ein Wahrnehmen biblischer und historischer Zeugen. Wir sollten da nicht geschichts- und traditionsvergessen sein. Gleichzeitig aber sind die Erlebnisse der Anwesenden ganz wichtig und sollten Gehör finden und zu Gehör gebracht werden. Da gibt es nämlich ganz unterschiedliches zu bestaunen, denn die Kirchenvorstände bestehen –

Gott sei Dank – oft aus ganz unterschiedlich geprägten Menschen. Wer also in einer lutherischen geprägten Gemeinde aufgewachsen und in sie hineingewachsen ist, der verfügt häufig (vielleicht auch nur unbewusst) über andere Zugänge zu Fragen des Abendmahls als ein Kirchenvorstandsmitglied, der in einer eher reformierten Gemeinde groß wurde. Sich darüber auszutauschen, also das einander zu erzählen, die eigenen Prägungen mitzuteilen ist nicht nur oftmals ein großer Gewinn für alle, sondern hilft auch, mit unterschiedlichen Meinungen umzugehen. Und wenn die Gewohnheiten dann schon auf den Tisch gelegt werden dürfen, dann darf man auch die nächste Frage stellen: Dürfen wir es heute und an diesem Ort auch anders machen, vorsichtiger ausgedrückt: dürfen wir es auch einmal anders ausprobieren? Ein Kirchenvorstand, der in der Andacht zu Beginn sich selbst damit konfrontiert, wie unterschiedlich Glauben schon immer gelebt worden ist und gelebt wird, der wird möglicherweise auch verstärkt den Mut aufbringen, für das Hier und Heute zeitgemäße Glaubensformen zu bilden, auszuprobieren, ins Leben zu bringen.